倉林秀男
Kurabayashi Hideo

ジェフリー・トランブリー
Jeffrey Trambley

わる英語表現——日本語との発想の違いから学ぶ

1687

まえがき

　一日の長い仕事が終わりました。デスクを整理して、パソコンの電源を落とし、帰り支度をし、同僚に「おつかれさまです」とか「お先に失礼します」と言ってオフィスを離れます。

　それでは、質問です。英語で「お先に失礼します」はどのように言えばよいでしょうか？　いきなり言われてもすぐには出てこない、そのような方にヒントを示せないだろうかと考えながら、この本を書きました。

　ちょっとした時に「言えそうで言えない」、でも「知っておいたほうがいい」という表現を中心に学べるように工夫しました。クイズ形式で気軽に取り組み、解説を読み進めていくうちに、英語を話している人たちと、日本語を話している人たちの発想法の違いに気がつくことができるように、配慮しました。

　それでは、話を戻しましょう。皆さんは「おつかれさまです。お先に失礼します」という日本語を英語にしようとする時どのように考えますか？　You are tired. I'm sorry. I'm leaving. と言って颯爽と部屋を出て行っても、残された同僚たちはきっと困ってしまいます。日本語をそのまま英語に置き換えてしまったからです。

　仕事を終えて帰る時、黙って帰る人はいません。何か言わなければなりません。この表現が日本語と英語では

異なるのです。日本語では、同僚に気遣いを示して「おつかれさまでした」や「お先に失礼します」という表現が好まれます。一方、英語では「また明日会いましょう」、すなわち See you tomorrow. がよく使われます。このように「この場面・状況ならどんな表現がふさわしいか」「ここで伝えなければならない最低限の情報は何か」を考えながら、それぞれの言語文化の違いに着目し、シンプルで伝わる英語表現を一緒に考えましょう。

　「おつかれさまでした」を機械翻訳で確認してみると、Thank you for your hard work. と出てきました。この表現は「一生懸命働いてくれてありがとう」という意味で努力をした人に対して労をねぎらう表現です。

　しかし、私たちが会社を出る時に言ったり、社内で同僚とすれ違った時に使う「お疲れ様でした」とはニュアンスが異なります。英語と日本語では背景となる文化や発送が異なるため、英語としては正しいのに、場面や状況にはふさわしくない表現になってしまうことがあります。

　AI を使った機械翻訳の精度は高まっており、とっても便利なのですが、そこに示された翻訳が正しいかどうか判断できなければ、知らず知らずのうちにとんでもない過ちを犯してしまう危険があります。ですので、私たちは一歩一歩、英語らしい表現について日本語と比較しながら、理解を深めていく必要があります。そうすれ

ば、適切な表現も身につき、さらには機械翻訳の誤りも指摘できるようになります。

　〈ことば〉と〈文化〉、そこに暮らす人々の生活様式は密接に結びついています。そのため、**外国語を学習する際には、文化的な背景や、人々の物事の捉え方や表現の仕方を合わせて学んでいくと、より深い理解につながっていきます。**外国語を通じて〈異文化〉を知る、そして学んだ外国語を使って異文化でのコミュニケーションを楽しむ、そんな学習があってもいいのではないだろうかと思っています。

　〈ことば〉を通して異文化を知るという発想を大切にし、共著者のジェフリー・トランブリーさんと議論を交わしながら、一つ一つ吟味して解説を書きました。

　トランブリーさんは日本で長く英語教育に携わっており、日本人に共通して見られる英語の誤りについて、数多くの知見を有しておられます。その知見をベースに私たちが間違えやすい文法や表現に加え、日本語の発想法とは異なる英語らしい表現を選定しました。

　こうした表現がどのような場面で用いられるのかについて、私、倉林が言語学的な観点から専門用語を使わずに、なるべく一般化できるように解説を加えていきました。「ああ、なるほど、こういう時にはこんな表現にすればいいのね」と思ってもらえるよう、一つでもみなさんのお役に立てればと思っています。

　本書の執筆に伴い、以下の文献や辞書を参考にしました。

【主に参照した文法書】

安藤貞雄『現代英文法講義』（開拓社）

江川泰一郎『英文法解説』（金子書房）

田中茂範『表現英文法』（コスモピア）

Leech, Geoffrey N. *Meaning and the English Verb*
（Addison-Wesley Longman）

【主に参照した辞書】

『ウィズダム英和辞典』（三省堂）

『ジーニアス英和大辞典』（大修館書店）

『新英和大辞典』（研究社）

『コンパスローズ英和辞典』（研究社）

Longman Dictionary of Contemporary English
（Pearson Japan）

Oxford Collocations Dictionary For Students of English（Oxford University Press）

　辞書や文法書には、先人たちの叡智が詰め込まれています。もしお手元に辞書がありましたら、本書の中に出てきた単語を調べ、その語がどのように使われているのか、語義だけではなく例文も含めてじっくり読んでください。きっと、英語の表現が頭に入ってくると思います。

　それでは、シンプルで伝わる英語の表現を一緒に学んでいきましょう！

2022年盛夏　倉林　秀男

シンプルで伝わる英語表現 日本語との発想の違いから学ぶ【目次】

イラスト　コジマコウヨウ
本文デザイン　中村道高（tetome）

第 1 章

英文法の基礎を固める

この章では、日本語と英語の表現方法の違いについて確認しながら、「使えるフレーズ」を身につけましょう。

「私が電話に出ます」
［willとbe going toの意外な違い］

Q　オフィスで同僚と話している時に、電話が鳴りました。そこで「私が出ますよ」と言う場合、どのような表現がよいでしょうか。適切な方を選んでください。

① I'll get it.

② I'm going to get it.

ポイント

〈will〉と〈be going to〉はどちらも「未来」のことを表します。**〈I'll ＋動詞の原形〉は、今、自分がこの場でやろうと決めたことを表し**、自分の意志を伝えることができます。次の例で考えてみましょう。

友人が自宅に訪ねてきて、楽しく過ごしていたら、だいぶ遅くなってしまいました。そこで、家まで送ってあげようという時に、I'll drive you home.（車で家に送っていってあげるよ）と言います。他にも母語話者がよく使う表現として I'll give you a ride. があります。イギリスやオーストラリア英語では I'll give you a lift. と言ったりもします。

次に、be going to について確認しましょう。**be going to** は「前もって予定・計画されていること」、「今の状況から判断すると、現実的になりそうだということ」を表します。今、空を見て雲行きが怪しくなっています。このままいくと雨が降ってくる、こうした状況では It's going to rain. がぴったりです。

A：I saw the new Marvel movie yesterday. It was exciting.（マーベルの最新作、昨日観たんだよ。面白かった）

B：No spoilers, please! I'm going to see it on Wednesday.（ネタバレはダメ。水曜日に観に行くことにしているんだから）

　ここで、I'm going to see it と言っているのは、be going to が「（すでに）予定・計画されていること」を表すからです。これを I will see it on Wednesday. とすれば、それなら、水曜日に観に行こうかなというように「今、決めた」という感じが伝わります。

　ここでは、電話が鳴って、**今自分が取ることを決めたので I'll get it. を使います。I'm going to get it.** はあらかじめ電話がかかってくるとわかっていたかのような印象を与えてしまうので、適切ではありません。

① I'll get it.

「今晩、帰ります」
［現在進行形が表す未来］

Q 　今日で予定されていた2日間の大阪出張も終わりです。「予定通り、今晩帰ります」と取引先の方に言う場合、どちらの表現がよいでしょうか。適切な方を選んでください。

① I'll leave tonight.

② I'm leaving tonight.

ポイント

　現在進行形（be動詞＋動詞のing形）は「今～している」という意味の他に、未来の事柄も表せます。**これは、頭の中では既に進行している出来事だと捉えているため、未来の予定について現在進行形も表すことができる**からです。また、現在進行形が表す未来は、**計画され、その行為が実現するために約束や手配が整っている**ことを前提とする場合もあります。

　現在進行形を使った I'm leaving tonight. は、帰りの時間も決まっており、チケットも手に入れているということが前提となります。予定通り2日間の出張が終わり、大阪を離れることを表すには最適な表現です。一

方、I'll leave tonight. は「今、決めた」というニュアンスを持ちますので、「予定通りに物事が進行する」という文脈では適切ではありません。

では、次の2つの文がどのような状況を表しているのか考えてみてください。

（A）I'll meet Mr. Young at the airport tonight.

（B）I'm meeting Mr. Young at the airport tonight.

（A）の状況

今夜、ヤング氏が海外からやってくることを、今知りました。「誰か、ヤング氏を飛行場まで迎えに行ってくれないか？」と聞かれ「それなら私が迎えに行きます！」と、自分が今決めたような状況です。

（B）の状況

今夜、ヤング氏が海外からやってくることは知っています。そして、すでに空港に迎えに行くことも伝え、約束をしているような状況です。

助動詞の will を使うと「今決めた」というイメージが前面に出てきます。一方、現在進行形が未来のことを表す場合、すでに計画がなされ、その実現のために約束や手配が整っているということを表すものでした。

② I'm leaving tonight.（今晩帰ることになっています）

「彼はいつも文句ばかり言っている」
［感情を含んだ現在進行形］

Q 会うといつも、何でもかんでも文句ばかり言っている同期がいます。お昼休みにずっと彼の話を聞かされて、少しうんざりして自分の席に戻りました。隣にいる同僚に、「彼はいつもどんなことに対しても、文句ばかり言うんです」と非難の気持ちを込めて言う場合は、どのような表現がよいでしょうか。適切な方を選んでください。

① He always complains about everything.
② He is always complaining about everything.

ポイント

現在進行形と一緒に、always や every day、constantly のような「いつも」「常に」の意味を持つ語を使うと「いつも〜ばかりしている」という非難や賞賛といった感情も含んだ表現になります。そうすると、この文脈では He is always complaining about everything. が非難の気持ちが伝わります。

「いつも」「常に」という意味の語を含まない場合は、普通の進行形で「今〜している」という意味を表します。

▶What are you complaining about?（何に対して文句を言っているの？）

　今、文句を言っている人に対しての疑問文ですね。ここでの現在進行形は「今〜している」を表します。

　では、いくつか例文を通して現在進行形が感情の意味を含む場合を確認してみましょう。

▶I'm always losing things.（わたしはいつも物をなくしてばかりいる）

　物をどこかに置き忘れてしまうことがよくある。そんなおっちょこちょいな自分について、あきれ気味に言う感じです。

▶My son is always playing games.（うちの息子、いつもゲームばかりしている）

　毎日ゲームばかりしていて勉強しないと非難する気持ちだけではなく、あきれているような気持ちが含まれています。

▶He is constantly buying expensive things.（彼はいつも高い物ばかり買っている）

　お金の無駄遣いをしていることを非難する感じが込められた表現です。

② He is always complaining about everything.

「今日の彼はやけに感じがよい」
[現在進行形の意外な用法]

Q 普段はあまり親切な上司ではないのですが、今日はなぜかいつもと違って親切にしてくれます。ひょっとしたら、何か仕事を頼みたいのかもしれません。そこで、「普段とは違い、今日はやけに感じがよい」ということを言いたいと思います。適切な方を選んでください。

① He is nice today.

② He is just being nice.

ポイント

ここでは、現在の一時的な状態について表す現在進行形について、現在形で表されている表現と比較しながら見ていくことにしましょう。

▶My son lives in Nagano.（私の息子は長野に住んでいます）

現在形は、当分変わらない事実を表していることからも、息子はずっと長野に住んでいて、おそらくこの先も長野に住むという**永続的なニュアンス**が含まれます。

▶My son is living in Nagano now.（私の息子は今のところ長野に住んでいます）

本来、動詞 live は、進行形にできませんが、**進行形にすると、「一時的に住んでいる」という意味**になります。何らかの理由があって今は長野に住んでいるが、そのうち戻ってくるというような含みがあります。

▶He is nice.（彼は感じのよい人です）

　現在形で、彼の本質的な性格として「感じがよい人」である、ということを表しています。

▶He is being nice.（彼は今日に限って感じがよい）

　be 動詞を現在進行形にすると一時的な状態を表します。ですので、本来はそうではないが、普段とは違って、今日に限ってはというような含みがあります。

▶Mr. Smith wears glasses.（スミスさんは眼鏡をかけています）

　現在形は「当分変わらないこと」を表します。スミスさんは普段から眼鏡をかけていることを表しています。

▶Mr. Smith is wearing glasses today.（今日、スミスさんはいつもと違って眼鏡をかけています）

　「普段はコンタクトレンズをしているスミスさんですが、今日に限って眼鏡をかけている」というような文脈で使えます。**be 動詞の進行形が持っている「今日だけ、今だけ」というニュアンス**をつかむことができたでしょうか。

② He is being nice.

「4年間、住んでいたことがあります」
[過去形と現在完了の大きな違い]

Q 東京の本社から、ベルリンにいるビジネスパートナーとオンラインで話すことになりました。あなたは「私は4年間、ベルリンに住んでいたことがあります」と言おうと思います。どのような表現にすればよいでしょうか。適切な方を選んでください。

① I have lived in Berlin for four years.

② I once lived in Berlin for four years.

ポイント

　ここでは過去の4年間ベルリンに住んでいたということを伝えるため、②のように単純な過去形の文で表します。4年前から今に至るまでベルリンに住んでいる場合は、〈have〔has〕＋動詞の過去分詞〉という現在完了形の文で表します。

　過去形を使うか現在完了形にするのかについては、過去の行為が現在と関係があるかどうかが、判断基準になります。例文を通して確認してみましょう。

　「金の値段が安くなった」と言う場合を考えてみましょう。

▶The price of gold became cheaper.

過去形は、現在とはつながりのない事柄を表します。「（過去のある時点で）金の値段が安くなった」という〈過去に起きたこと〉を表しますが、これでは「今の時点で安いかどうか」はわかりません。

一方で、日本語の「金の値段が安くなった」は、「金の値段が下がった」結果、「今もその状態が続いている」という〈今の状態〉を表すことがありますが、その場合は過去形では意味を正しく表せません。

そこで「過去に起こった出来事が、今も継続している」という内容は次のように表します。

▶The price of gold has become cheaper.

現在完了形は〈動作の完了〉〈現在までの経験〉〈状態・動作の継続〉など、過去のある時点の出来事が現在と関連があることを表します。

さらに過去形と現在完了形の文のニュアンスを、以下の例文を通してつかんでいきましょう。

▶I lost my engagement ring last month.（先月、私は婚約指輪をなくしました）

過去のある時点に「婚約指輪をなくした」ことを述べているだけで、現在の時点でそれがどうなっているのかはわかりません。

▶I've lost my engagement ring.（私は婚約指輪をなくしてしまいました）

ある時なくした婚約指輪が、現時点でもなくなったま

までです。そのため、**婚約指輪は今も見つかっていない**ということを表しています。

▶She went shopping.（彼女は買い物に行った）

　過去形は、現在とはつながりのない事柄を表します。彼女が買い物に出かけたのは過去のことであり、現在とは関係がありません。ですので、今は買い物を終えて自宅に戻っているかもしれません。

▶She has gone shopping.

　現在完了形は、過去のある時点の出来事が現在と関連があることを表します。そうすると、買い物に出かけていることが現在にも影響を及ぼしているため、**今は買い物に出かけていてここにはいない**、というようなことを表しています。

② I once lived in Berlin for four years.

Column 1　現在進行形を活用してみましょう(1)

　〈be 動詞＋動詞の ing 形〉で表す現在進行形は、「今
〜している最中です」という意味以外に、様々に活用で
きます。
★これから行うことについて、諸々の準備が整っている
▶I'm going to London tomorrow.
　(明日、ロンドンに行きます)
　ここでは leave A (A を出発する)、leave for B (B
に向けて出発する)、leave A for B (B に向けて A を出
発する) の使い分けもできるようにしましょう。
▶I'm leaving London tomorrow.
　(明日、ロンドンを発ちます)
▶I'm leaving for London tomorrow.
　(明日、ロンドンに向けて出発します)
▶I'm leaving Tokyo for London tomorrow.
　(明日、ロンドンに向けて東京を発ちます)
　疑問文を使えば、「相手の予定」を確認できます。
▶What are you doing tomorrow afternoon, Henry?
　(ヘンリー、明日の午後はどんな予定ですか)

2　助動詞を使いこなそう

「若いころはやせていた」
［昔のことを回想する表現］

Q　同僚と新入社員時代の写真を見ていました。「若い頃はやせていたんだよ」と言いたい時、どのような表現にすればよいでしょうか。適切な方を選んでください。

① I would be thin when I was young.

② I used to be thin when I was young.

ポイント

　英語では、昔（過去）のことを表す際には、動詞の過去形を用います。これに加えて、〈would ＋動詞の原形〉と〈used to ＋動詞の原形〉を用いることもできます。そこで、would と used to の違いを確認しましょう。

　would は過去を回想して「よく～したものだった」という意味を表します。過ぎてしまった過去のことを、懐かしく回想するようなイメージです。例えば、When I was young, I would often listen to the radio at night.（若い頃、夜にラジオを聴いていたものだった）という文は、単に「昔、夜にラジオを聞いていた」こと

を回想しています。そこには「今はラジオを聞いていない」という含みは存在しません。

　つまり、would の場合は今でもその行為をしている可能性があるのです。

　一方 used to は「過去の習慣・状態で、今はやっていない・そういう状態ではない」ということを表します。ここでは、かつてやせていた私の姿はもう今では存在しないということですので、I used to be thin と言います。

　例えば、今ではもうたくさんのお酒を飲まないのですが、「若い時はたくさんのお酒を飲んだものです」ということを表す時に、I used to drink a lot when I was young. と言います。

　また、すっかり自分の考え方や振る舞いも大人になり、昔のように無鉄砲ではないという時に、「私は昔の私ではありません」と言いますが、英語では、I am not the person I used to be. という表現になります。一般に、used to は後ろに動作動詞と状態動詞の両方を置けますが、would は状態動詞を置くことができません。なので、I would be thin. とは言えないのです。

② I used to be thin when I was young.

「よく寝ることができました」
[canとbe able toは同じ意味ではない]

Q 昨日は休日だったので、十分な睡眠を取ることができました。月曜日に気分よく出社し、同僚から「元気そうですね」と言われました。そこで、あなたは「よく寝ることができた」と言おうと思っています。適切な方を選んでください。

① I could sleep well on my day off last night.
② I was able to sleep well on my day off last night.

ポイント

過去に実現できたこと、能力を発揮して「〜できた」と言う場合 can（〜できる）の過去形 could を使いたくなってしまいます。ですが、今回の文脈では could を使うことはできません。I could sleep well は「たっぷり寝ることができるのに」という仮定法の意味になります。大切なことは、**could は過去の1回限りの行為について「〜できた」という意味を表すことができない**ということです。

例えば、宝くじ売り場で You could win $1,000,000. と書いてあるのを見て「100万ドルなんて過去に当選し

たことないのに、おかしいなあ」と思う必要はありません。この could は仮定法で「あなたにも、当たるチャンスがあるかもしれません」という表現です。

　過去に実現できた1回限りの事柄については、was [were] able to を使います。 もちろん、ここでは I slept well last night. と言っても大丈夫です。

　他にも、たとえば「なかなか、アポを取ることができなかった山田さんに会うことができた」という場合は次のような表現になります。

▶Finally, I was able to meet Mr. Yamada.

　could が「過去に〜できた」という文脈で使えるのは非常に限定的な場合です。例えば、I could play the violin when I was a child. のように、過去のある一定期間を意味する "when I was a child" という表現があるときです。

　ちなみに I could eat a horse. という表現があるのですが、意味はわかりますか? この could は仮定法の could ですので、「もし、ここに1頭の馬がいて、それを食べようと思えば食べられる」という意味です。これではよくわかりませんよね。「馬1頭食べることができそうなぐらい、おなかが減っている」という、仮定法を使った空腹を表す慣用的な表現です。

② I was able to sleep well on my day off last night.

「そろそろ行かなければならない」
［mustとhave toはイコール？］

Q 休憩室で同僚との雑談が長くなってしまいました。これから自分のデスクに戻ろうと思います。「そろそろ行かなければ」と言う時、どのような表現にすればよいでしょうか。適切な方を選んでください。

① I must go now.

② I have to go now.

ポイント

「しなければならない」という場合、must も have to もどちらも使うことができるのですが、ニュアンスの違いがあります。

must は話し手の主観が強く込められた表現で、話し手の都合で「〜しなければならない」ということが前面に出てきます。

そこで、I must go now. としてしまうと、「自分の都合で、私は何が何でも家に帰らなければならないと強く思っています」という意味になりますので、ちょっと失礼な感じもします。ですので、自分から帰ることを切り出す際に使うのはふさわしくないでしょう。

一方、**have to** は「周囲の状況、外的な要因でやらなければならない」ということを伝える表現です。I have to go now. とすれば、終電の時間が近づいている、この後予定があるなど自分の意志とは違う力が働いているようなニュアンスになります。より口語的な I've got to go now. という表現は、多くの母語話者が口にする表現です。

　ここまでで、must と have to のもつ意味の違いがわかったかと思います。たとえば、自分自身の判断で「ダイエットしなければならない」という時には、I must go on a diet. を使います。医師からの指示といった、自分の意志ではない力によって「〜しなければならない」という時には、I have to go on a diet. と言います。

A

② I have to go now.

ダイエット MUST だ！
I must go on a diet!

だけど明日から
ポテト半額だ
…じゃあ明後日からだ

「〜した方がいいですよ」
[やわらかい感じで助言する]

Q 　会社に、インターンの学生がやってきました。休憩時間に時事問題について話をしたところ、彼はきょとんとしました。聞けば新聞を読んだり、ニュースを見たりはしていないそうです。そこで「新聞を毎日読んだ方がいいですよ」と助言しようと思います。どちらの表現が適切でしょうか。

① You should read the newspaper every day.
② You had better read the newspaper every day.

ポイント

　「あなたは〜しなければならない」という時に、You should と You had better のどちらを使うか迷うことがあります。この2つは、全く異なった印象を相手に与えます。

　You should は、相手に対して「〜すべき」という意味で覚えている人が多いのですが、**マイルドな助言の時に用います**。例えば、疲れている部下に対して、「ちょっと休憩したら？」と言う時に You should take five. のような使い方をします。**take five** は「今やっている

ことを中断して、休憩する」という口語表現です。

　一方、**You had better** には「〜しなければならない、さもないと大変なことになるぞ」という、プレッシャーをかけたり、脅したりするようなイメージがあります。目上の人や立場が上の人に対して使うのは避けましょう。たとえば、You had better not go out now because the temperatures will rise to nearly 40℃.（気温が40度近くまで上がるから、今外出しない方がいい）のように、注意・警告をする場合に用いられます。

　さらに、had better の had は弱く発音されることから、'd better と表記されることがあります。話し言葉では、had や主語が省略されることもあります。

　You had better read the newspaper every day. と言うと、「新聞を毎日読まなければ大変なことになるぞ」という高圧的なニュアンスが伝わります。ちなみに、you better は you had better よりも強制力は弱まり、親しい間柄での助言によく使われます。

　母語話者がよく使う表現に You had better believe it. があります。これは、「本当なんだよ！」と強調する場面で用いられます。他にもよく使われる表現として、It's almost 10:00 p.m. Better get moving.（もう午後10時。帰らなきゃ）があります。

① You should read the newspaper every day.

3　動詞の使い方の違いで意味が変わる

「〜しようとしたができなかった」
[try to do と try〜ing]

Q　オフィスの模様替えをしています。あなたはキャビネットを別の場所に移そうと思っていますが、一人の力では動かすことができません。同僚に手伝ってもらうためにまずは「ロッカーを動かそうとしたんだけど、無理だった」と伝えたいと思います。どちらの表現がより適切でしょうか。

①I tried to move that file cabinet.

②I tried moving that file cabinet.

ポイント

　ここでは、try という動詞の後ろに to 不定詞が来る場合と、動詞の ing 形（動名詞）が来る場合の意味の違いについて確認しましょう。

　I tried to move that file cabinet. のように〈**try＋to 不定詞**〉を使った文は、やってみたけれど「できなかった」という含みがあるのです。

　これに対して〈**try＋動名詞**〉は、「（結果をみようとして）試しにやってみる」という意味があり、実際にで

きたことを含む場合もあります。I tried moving that file cabinet. は「なんとかキャビネットを動かせた」という意味を表すことができます。

remember も、後ろが to 不定詞か動名詞かで、意味が変わりますので、確認しておきましょう。

★ **remember+to 不定詞** と **remember+ 動名詞**

▶Please remember to close the windows before you leave.

（出る前に窓を閉めるのを忘れないでください）

▶Do you remember closing the windows?

（窓を閉めたのを覚えていますか？）

to 不定詞は「実現されていないこと」、動名詞は「既に実現されたこと」 について言及する場合に使われますので、Please remember to close the windows は、部屋の窓が開いていて「忘れずに窓を閉めてね」という時に使われる表現です。

一方、Do you remember closing the windows は「閉めたこと」について覚えているかどうか聞く表現です。

①I tried to move that file cabinet.

「彼の名前を忘れちゃった」
［forget と forgot、どっちを使う？］

Q 　入社したばかりの社員と、廊下ですれ違いました。会釈をしたのですが、名前を思い出せません。一緒にいた同僚に「彼の名前を忘れちゃった」という時、どのような表現がよいでしょうか。適切な方を選んでください。

① I forget his name.

② I forgot his name.

ポイント

　日本語の「忘れた」という表現に引っ張られて、過去形の forgot としないようにしましょう。「人の名前を忘れて思い出せない」という場合と「ものを持ってくる（持って行く）のを忘れた」「〜することを忘れた」では、表現が異なります。**「思い出せない」という意味を含む「忘れた」は現在形の forget で表します。**

　また、「あ、ど忘れしてしまった！」や「すっかり忘れてしまった」と思い出せないことを強調したい場合には I've forgotten という現在完了形で表します。

　I've forgotten his name.

　（彼の名前をど忘れしてしまった）

また、**forgot** と過去形で表す場合には「何かを忘れていたことを、今思い出した」という意味もあります。そうすると、I forgot his birthday. は「今日が彼の誕生日だったね。今まで忘れていた」という意味になります。

　次に、〈forget+to 不定詞〉と〈forget+動名詞〉の意味の違いも確認しておくことにしましょう。

　「電気を消すのを忘れた」はどちらの文で表しますか？

（A）I forgot to turn off the lights.

（B）I forgot turning off the lights.

　〈forget to do〉は「〈人が〉～するのを忘れる」という意味で、電気を消すことを忘れたとなります。つまり、**電気は消えていません。この〈forget to do〉はやらなければならないことを「し忘れる」の意味で用い**られます。従って、答えは（A）I forgot to turn off the lights. です。

　一方〈forget doing〉は「～したことを忘れる」という意味になります。動名詞は「実際にやったこと」を表します。ここでは「実際に電気を消したことを忘れた」という意味ですので、電気は消えています。

① I forget his name.

「どなたでもご参加いただけます」
［welcome は動詞、それとも……？］

Q 　会社で、企画を立ち上げ、その主旨を説明した文章を作成しています。最後に「どなたでもご参加いただけます」と書こうと思います。どちらの表現が適切でしょうか？

① Anyone is welcomed to join!

② Anyone is welcome to join!

ポイント

welcome という単語には、動詞と形容詞の働きがあります。動詞で使う場合は「訪問客を出迎える、歓迎する」、「～を（喜んで）受け入れる」という意味があります。例文で確認しましょう。

▶ Mr. Johnson warmly welcomed his guest at the airport.

（ジョンソン氏は空港で客人を温かく出迎えた）

▶ We always welcome your feedback.

（いつでもフィードバックをお寄せください）

▶ I welcome your challenge.

（あなたの挑戦、望むところだ！）

▶ I was cordially welcomed.

（私は温かく迎え入れられました）

　形容詞の welcome は、「うれしい」という意味です。〈be welcome to 不定詞〉で「自由に〜してもよい」、皮肉で「勝手に〜するがよい」という意味もあります。

▶ I have just received a welcome letter.

（たった今、うれしい知らせを受け取ったところです）

▶ You are welcome to use my room.

（私の部屋を使ってくださってかまいません）

　今回の問題は、「自由に参加できる」と伝えたいので〈be welcome to 不定詞〉を使います。

　同じように注意しなければならない語に、open があります。例えば We are open 24/7.（当店は24時間年中無休です）の open は形容詞です。ちなみに24/7は twenty-four seven と読み、「年中無休である」ことを表します。お店が閉まっている時は We are closed. と、動詞の closed を使います。営業時間外であることを表す場合は、CLOSE ではなく、CLOSED になります。

② Anyone is welcome to join!

「私は彼の言っていることを信じます」
［信じるのは人、それとも発言?］

Q 会社でいろいろな情報が飛び交っていると、誰の発言を信用していいのかわからない時があります。チームのメンバーが疑心暗鬼になっている時に、「私は彼の言っていることを信じます」と言いたいのですが、どちらの表現が適切でしょうか。

① I believe him.
② I believe in him.

ポイント

〈believe＋人〉は「人の言うことを信じる」という意味で使われ、〈believe in＋人〉は「人そのものを信じる、信用する」、「人の存在を信じる」という意味です。

▶I can believe her, but I cannot believe in her.

（私は彼女の言っていることは信じますが、彼女を信頼することはできません）

子供の頃、サンタクロースが実際にいると思い、クリスマスが待ち遠しかった思い出があるかもしれません。今でも多くの子供たちは信じています。

この場合は、believe Santa Claus、それとも believe

in Santa Claus のどちらが適切でしょうか。believe Santa Claus では「サンタクロースの言っていることを信じている」となってしまいます。believe in Santa Claus で「サンタクロースの存在を信じる」ということですので、次のような文になります。

▶Many kids believe in Santa Claus.

（多くの子供たちはサンタクロースがいると信じている）

ちなみに、know と know of にも違いがあります。

直接的な体験によって知り得た場合は know を使い、間接的に知っている（聞いたことがある）という場合は know of を使うことになります。

例えば、I know Murakami Haruki. と言うと「直接、村上春樹に会って、その人がどんな人であるかを知っている」という意味になります。ですので、「村上春樹を知っていますか？」という場合は、Do you know of Murakami Haruki? や Have you heard of Murakami Haruki? を使って表します。この Have you heard of 〜? は「聞いたことがありますか？」以外にも、「〜のことを知っていますか？」という文脈でも使うことができる便利な表現です。

A

① I believe him.

「お会いできてよかったです」
[meetとsee、どっちを使う?]

Q 営業で初めて会う先方の担当者と、充実した打ち合わせができました。「お会いできてよかったです」と言いたいのですが、どちらの表現が適切でしょうか。
① Nice meeting you.
② Nice to see you.

ポイント

「人と会う」という時に使う動詞には、meet と see があります。まずは meet から確認しましょう。**meet の基本的な意味には「人と出会う、約束して会う、知り合う」があります**。さらに、Come to my house and meet my parents.(家に来てください。両親を紹介します)のように、meet には「〜と知り合いになる」、「〜を紹介する」の意味もあります。

meet を使った定型的な挨拶として Nice to meet you. と Nice meeting you. があります。Nice to meet you. は「はじめまして」という意味で、主に**初対面の人と会った時に最初に出てくる言葉**です。これは meet が「知り合いになる」という意味と、〈to 不定詞〉が持

つ「これから行われること」という意味が合体して「これから知り合いになるのが、うれしいです」という意味になるのです。

　Nice meeting you. は meeting という〈動名詞〉が使われていることで、「既におこなったこと」を表します。「あなたと知り合いになったことが、うれしい」という意味ですので、**初対面の人との別れ際に言う表現として適切です。** そして、meet は「知り合いになる」という意味を持つため I'll meet you again. という表現は「再び知り合いになる」となってしまうため、おかしな意味になります。

　次に、see について確認しましょう。**see の基本的な意味は「見る」「見える」ですが、「人に会う、…を訪ねる、…に面会する」という意味もあります。** meet の「会う」が「知り合う」という意味で使われていたことに対して、see は「知っている人を見かける、知っている人に会う」という意味で使われます。

　I saw Mr. Smith at the station last night.（昨晩スミス氏を駅で見かけました）のように、すでにあなたがスミス氏を知っている時に使えます。ですので、Nice to see you. や I'm glad to see you again. は知り合いと出会った時の挨拶としてふさわしいものです。

① Nice meeting you.

「彼女は幸せそうに亡くなりました」
[副詞は場所が命]

Q　先日、悲しいことに親族が他界し、同僚からお悔やみの言葉をかけてもらいました。100歳まで生きて、人生を十分に楽しみ、そして家族に見守られながらの、とても幸せな最期でした。そこで、「彼女は幸せそうに亡くなりました」と言う時、どのような表現にすればよいでしょうか。適切な方を選んでください。

① Happily, she died.
② She died happily.

ポイント

Happily という副詞は文頭に置かれると、「これから話す内容について、話し手がどう思っているか」という態度を表明することになります。つまり、Happily から始めると、「私はこれから話をする内容について、幸せなことだと思っています」という意味が相手に伝わります。ということは、Happily, she died. だと、「幸運にも、彼女は亡くなった」と、彼女の死をうれしく思っているという意味になってしまいます。事故に巻き込まれ

たが、幸い一命を取り留めたという場合には Happily, she didn't die.（幸い、彼女は命を落とさなかった）と言うことができます。

一方、文頭以外に置かれる副詞は、動作や状態が「**どのような様子であったのか**」について説明する役割を担います。そうすると、ここでは died という事柄が happily な様子・様態であった、すなわち「**幸せそうに亡くなった**」という意味になるのです。

「これから話す内容について自分がどう思っているか」を伝える副詞として文頭でよく使われるものには、Interestingly（興味深いことに）、Obviously（明らかに）、Actually（本当のところは、実は）、Basically（要するに）などがあります。

さらに、最近では literally をこんなふうに使います。

Literally, I'm melting.（ヤバい、溶けちゃいそう［なぐらいに暑い］）や I'm literally dying of laughter.（笑いすぎて死にそう［なぐらいに面白い］）

literally は「文字通りに」という意味ですが、口語表現では「マジで」とか「ヤバい」のような意味を持ちます。若者ことばとして問題視されることがありますが、アメリカの街を歩けば耳にしない日はないぐらいの表現です。

② She died happily.

「すごいよね」
[It と That の知られざる使い分け]

Q 野球好きの同僚から、エンゼルスの大谷翔平選手がベーブ・ルース以来の2桁勝利、2桁本塁打を達成したことを聞きました。すでにあなたも知っていたため、「そうなんだよね、すごいよね」と返事をしようと思っています。どちらが適切な表現でしょうか。

① It's amazing!
② That's amazing!

ポイント

that と it の意味について考えてみましょう。that は遠くにあるものを指さして、Look at that!（あれを見て!）と使います。つまり、基本的な that の用法は対象となる事物を直接指し示すものです。

また、it は代名詞で、前の名詞を受けて「それ」、または前に出てきた内容を受けて「そのこと」という意味を持ちます。さらに、話し手が話した時点でわかっている内容を、「それ」として表現しています。

「大谷翔平が2桁勝利、そして2桁本塁打の偉業達成だよ」と言われた時の返答として、It's amazing. と

That's amazing. では、相手に伝わるニュアンスがかなり違います。

It's amazing. の場合、既に話し手が大谷選手のニュースを知っていたことがわかります。ですので、「そうそう、すごいよね」という感じになります。

一方、That's amazing. は、「え？　知らなかった。それ初めて聞いた、すごいよね」のような感じになります。

このように that は、That sounds nice. のように、相手が言ったことを初めて聞いて「いいですね！」というような時にも使います。

A

① It's amazing!

「最高に調子がいいよ！」
［couldn't be betterとcouldn't be worse］

Q 同僚と廊下ですれちがった時に "Hi, how are you doing?"（最近どう？）と言われて、「最高に調子がいいよ！」と答えたいと思います。この時に適切な表現は、どちらになるでしょうか。

① Couldn't be better!

② Couldn't be worse!

ポイント

　この文は、主語のⅠが省略された口語的な表現になっています。もともとはⅠ couldn't be better. という文ですが、主語のない **Couldn't be better!** で「最高！」という意味だと覚えて、問題はありません。

　どうして not be better となっているのに、「最高に調子がいい」という意味になるのか考えましょう。助動詞の過去形は、「仮定法」で使われることと関係があります。おそらく以下に示すような形で学習したと思います。

　If 主語＋動詞の過去形〜，主語＋would/could/might＋動詞の原形〜．

　この形を「仮定法過去」といい、現在の事実に反する

ことを述べる時に使います。例えば、相手の愚かな行為を「もし私が君だったら、そんなことをしないよ」と言う場合は、次のようになります。

If I were you, I wouldn't do that.

「私があなたである」という現実にはありえないことを前提として、「そんなことをしない」。つまり、「どうしてそんなことをするの？　なんでそんな馬鹿なことを？」というような含みがあります。

そこで、この couldn't be better ですが、「これ以上よりよいということはありえない」という意味を持ち、そこから「最高によい」という意味になるのです。

Could be better. とすると「さらによい」ということの反対なので、「よくはない」という意味になります。

Could be worse. になると「さらに悪い」の反対で、「そんなに悪くはない」という意味です。そうすると、これを否定形にした **Couldn't be worse.** は仮定法で「そんなに悪くはない」ということを言っていますので、その反対である **「最高に悪い」「最悪だ」という意味**になります。つまり、〈I couldn't be＋形容詞の比較級〉を使うと、「最高に［形容詞］である」という意味になります。

① Couldn't be better!

「貴重なアドバイス、ありがとう」
［似て非なる precious と valuable］

Q 　仕事中にトラブルがあり、解決に向けてのアドバイスを同僚からしてもらいました。それに対して感謝の気持ちを込めて「大変貴重なアドバイスを、ありがとうございました」という時に、どちらの表現を使えばよいでしょうか。

① Thank you for your precious advice.
② Thank you for your valuable advice.

ポイント

precious は、それ自体が非常に高い価値を持っており、さらにはお金では評価することができないほど「貴重である」という意味です。

　例えば、友情は金銭に換えることができないということで a precious friendship と言います。似たような単語に priceless があり、「値段を付けることができないぐらい価値がある」という意味で使います。

　precious advice も valuable advice もそんなに変わらないという人もいます。こうした判断に迷うときは Netspeak が便利です。このサイトを使うと、precious advice も valuable advice のどちらの頻度が高いかを調べることができます。それによると、precious advice は2.6%、valuable advice は97%ということがわかります。もちろん、言語は常に変化していますので、正解、不正解がない場合もありますが、なるべくvaluable advice を使ったほうがよいでしょう。

　一方 valuable はもともと「金銭的な価値がある」という意味を持っていますが、そこから拡張して、お金とは関係のない「有益な」という意味でも使われます。ですので、ありがたいコメントやアドバイスをもらった時には、valuable を使いましょう。

A

② Thank you for your valuable advice.

「私もです」
［Me too. それとも Me neither.］

Q 出張先の旅館の朝ご飯に納豆が出てきた時、同僚のマクドナルド氏が「納豆が嫌いです」と言いました。「私もです」と言いたいのですが、どのように言えばよいでしょうか。

Mr. McDonald: I don't like *natto*.

① Me too.

② Me neither.

ポイント

相手の発言に対して「私もです！」という時に、Me too. を使うことがあります。この時、一つだけ注意しておかなければなりません。それは、**「相手の発言が否定文であれば Me neither. になる」**ということです。言い換えると、**Me too. は「相手の発言が肯定文の時」**の同意表現になります。

ここでは、マクドナルド氏が I don't like *natto*.（納豆が嫌いです）と「否定文」で言っているため、同意する時には Me neither. と言わなければなりません。

Me too. や Me neither. は他にも So am I./So do I.

や Neither am I. / Neither do I. のような表現もあります。以下で確認してみましょう。

- A：I like coffee.（私はコーヒーが好きです）
- B：So do I.（私もです）

- A：I was in the baseball club when I was a high school student.（高校時代、野球部でした）
- B：So was I.

- A：I haven't been to Australia.（オーストラリアに行ったことがありません）
- B：Neither have I.

さて、ここまで使い方を見てきましたが、もっと便利な表現があります。それは Same here. です。これは相手の発言が否定文でも肯定文でも、「私も！」という時に使えるオールマイティな表現です。例えば、パブで友人と同じ物を頼む時、次のような言い方ができます。

A：I'll have half a pint of lager.（ラガービールをハーフパイントにします）

B：Same here.（私も同じもので）

最近では、**Me too.** や **Me neither.** よりも **Same here.** を使うことの方が多いかもしれません。

② Me neither.

Column 2　現在進行形を活用してみましょう（2）

★「一時的に〜している」ことを表す

　live（住んでいる）のように「〜している」という意味を持つ動詞があります。こういう動詞を進行形で使うと、「一時的に〜している」という意味になります。

　I'm living in Tokyo. は「一時的に東京に住んでいる」という意味です。東京にずっと住んでいるわけではなく、例えば、単身赴任で住んでいるだけで、いずれは地元に戻る、というニュアンスになります。

　また、He is kind.（彼は親切です）や He is a fool.（彼は馬鹿だ）という人の性格などを表す文も進行形にすることで、「一時的に〜している」という意味になります。

▶He is just being kind.

　（彼は今日に限って親切にしてくれる）

☞普段は全く違うのに、**今日に限って親切にしてくれる**。何かやましいことでもあるのか？　それともこれから面倒な仕事を頼みたいのか？　というような解釈ができます。

▶He is just being a fool.（彼は今、馬鹿な振る舞いをしている）

☞彼は、**今日に限って場を盛り上げるために馬鹿な振る舞いをしているだけ**で、普段はそんなことはなく真面目ですよ、というような意味になります。

第 2 章

ビジネスの相手との会話

この章では、取引先とのコミュニケーションを確認しましょう。英語でコミュニケーションするには、礼儀を保ちつつ、しかし適度にカジュアルな表現を心がけましょう。

1 今週の木曜日のご都合は、いかがですか?

Q あなたは、これからの取引相手となるかもしれない人に電話をしています。今週の木曜日に会ってもらえるかどうか、まずは「相手の都合を聞く」ことにします。この時の表現として適切だと思うものを、次の①～④から2つ選んでください。

① Are you free this Thursday?

② Can I make an appoint with you for Thursday?

③ How would Thursday work for you?

④ What's your availability like on Thursday?

ポイント

誰かと会話する時、私たちは、❶「話し相手は誰か」❷「何を伝えたいのか」❸「どのように伝えるのか」ということを考えながら言葉を発していると思います。この3点を「会話のポイント」として確認しながら、適切な表現を考えましょう。

今回の場面は、次のように整理できます。

❶ 話し相手は誰か

自分の取引相手となる可能性のある、まだ会ったこと

がない人

❷ 何を伝えたいのか

　今週の木曜日に会いたい

❸ どのように伝えるのか

　カジュアルな表現は避け、まず都合が付くかどうか確認したい。最初の依頼や提案は、直接的な表現やカジュアルな（友達のような）表現を避けます。そして、相手に**負担を感じさせないために**「断ってもよい余地」を残すことが大切です。

　①の Are you free this Thursday? は「今週の木曜日あいてる？」という感じですので、**親しい間柄で使われます**。

　つまり、友人や同僚などお互いの距離が近い時は、このようなストレートな言い方でも問題ありません。しかし、取引先のファーストコンタクトの際に用いるのは、避けた方がよいでしょう。

A : I've found a nice Italian restaurant near my house. Shall we have lunch together?

B : Cool!

A : Well, are you free this Tuesday?

（A：近所にいい感じのイタリアンレストランを見つけたんだ。一緒にランチに行かない？

　B：いいね！

　A：それじゃ、今度の木曜日あいてる？）

②の Can I make an appoint with you for Thursday? はどうでしょうか。「アポがある」とか「アポイントを取ります」のつもりで appoint を使わないようにしましょう。

appoint は動詞で「〈委員など〉を任命する、指名する」という意味で使われるほか、〈appoint 人（as）役職〉で「人を役職に任命する」という意味で使われます。以下の例文で確認しましょう。

▶The company will appoint Mr.White as a new president next month.（来月、その企業はホワイト氏を新社長として任命するだろう）

ここでは面会の約束や病院の予約という意味を持つ **make an appointment** とすると正しい表現になります。ちなみに、ホテルやレストランなどの予約では make a reservation を使います。

③の How would Thursday work for you? は見慣れない表現だと思った方もいるかもしれません。動詞の work には「働く」という意味以外に、次のような使い方があります。

（1）機能する

This laptop doesn't work properly.

（このノートパソコンは調子が良くありません）

（2）効果がある

This medicine will work on you.

（この薬はあなたにとって効くと思います）

（3）都合がいい

Next Monday works for me.

（今度の月曜日なら大丈夫です）

〈work for 人〉で人にとって「都合がいい」ということを表します。

さらに、Will you〜? よりも助動詞を過去形にした Would you〜? の方が丁寧表現になり、相手に断る余地を残しています。

ちなみに、この「都合がいい」という work を使った表現として、時間を示した後に Does it work for you?（この時間で都合がつきますか？）と相手の意向を確かめるものがあります。

また、How would〜? という丁寧な言い方になっていることもポイントです。この would は仮定法で、依頼の表現として使われる Will you〜? よりも Would you〜? の方が、丁寧な響きを伴います。

④の availability という表現にとまどった方もいると思います。availability は「有用性」や「入手可能性」という意味で使われることが多いので、今回のように your availability という表現が不適切だと思うかもしれません。

しかし、相手の都合を聞く時に、シンプルで、そして

失礼な響きがしないのが、この availability を使った表現です。ここで like を使うことで「木曜日の都合はどんな感じですか？」と少しオブラートに包んだ表現になります。相手の都合を聞くシンプルな表現として〈What's your availability like on 曜日 ?〉を使ってみましょう。

A

③ How would Thursday work for you?
④ What's your availability like on Thursday?

問

availability もしくは available を使って、英語にしてみましょう。

(1) 今週のご都合のいい日時をお知らせください。

(2) 今週水曜日の午前11時は都合がよいです。

答

(1) Please let me know what your availability is like during this week.

(2) I'm available at 11 a.m. on Wednesday this week.

(1) の表現をカジュアルなものにした、When are you available this week? も使えるようにしましょう。

Column 3 現在進行形を活用してみましょう（3）

★ I'm thinking of〜で「〜しようかと思っている」

I'm thinking of starting my own business.

（起業しようと思っているんだよね）

☞やろうかどうか、あれこれ考えている感じです。

I'm thinking of finding an apartment near the station.

（駅近くのアパートを探そうと思っているんだよね）

☞引越しをしようかどうしようか悩んでいる感じです。

★ I'm wondering if〜で「遠回しな依頼」

Can you prepare materials for tomorrow's meeting?（明日の会議用の資料を準備してもらえませんか？）を、以下のように遠回しな依頼表現にできます。

☞ I'm wondering if you could prepare materials for tomorrow's meeting.

（明日の会議のための資料を準備してもらえるかどうかと思っているのですが）

I'm を I was とすることで丁寧さが増します。

☞ I was wondering if you could prepare materials for tomorrow's meeting.

（明日の会議のための資料を準備していただけませんか）

2 今、着きましたが、どこに いますか?

Q 同僚と近くのレストランで昼食の約束をしています。レストランに到着しましたが、先に来ているはずの同僚が見つからないのでスマホでメッセージを送ります。適切だと思うものを、次の①〜④から2つ選んでください。

① Arrived. Whereabouts are you?

② Here. You?

③ Here yet? I'm here.

④ I can't find you. Where?

ポイント

❶話し相手は誰か

　同僚

❷何を伝えたいのか

　自分がレストランに着いたこと、相手がどこにいるか

❸どのように伝えるのか

　端的に、短いメッセージで伝える

　ここでは「自分がレストランに着いたこと」そして

「どこにいるか聞きたい」という2点を端的に書くことにします。

①の Arrived. Whereabouts are you? が最適です。I have arrived. の Arrived だけになった形です。〈have + 動詞の過去分詞〉は現在完了と呼ばれる形でした。この時、**動詞に往来発着を表すもの（come, go, arrive, leave など）を使うと「ちょうど今〜したところだ」を表すことができます。** つまり、I have arrived. は「ちょうど、私が到着したところだ」という意味になります。

Whereabouts are you? は「今どこ？」という日本語にぴったりの表現です。**whereabouts** という疑問詞は見慣れないかもしれませんが「どのあたりに」を表します。「東京のどのあたりに住んでいますか？」という場合は Whereabouts in Tokyo do you live? となります。Whereabouts did you leave your key?（どのあたりにあなたの鍵を置いたのですか？）という表現もあります。

今回の状況では Whereabouts? だけでも問題はありませんが、これを Where? としてしまうとダイレクトに場所を聞いている感じで、怒っているような印象を与えてしまいます。Whereabouts の about があることで「だいたいどこら辺？」と、ぼんやりとさせることができます。

②の Here. は I am here.（着きました）の I am を省略したもので、①の Arrived. と同様、自分が到着したことを相手に伝える表現です。スマホでメッセージを送るときは、主語やそれに続く be 動詞、完了形を作る have を省いた形で表現することがあります。述語部分を省略することも可能です。今回のように You? とするだけで文脈から「あなたはどこにいるの？」ということを伝えられます。

日本語で「着きました。どこ？」と言うことはあっても「あなたは？」と言うことはめったにありません。こうした文脈で「あなた」と言うことに抵抗があります。ですが、**英語では話し相手はすべて You と呼ぶことができ、失礼ではないので、積極的に使いましょう。**

③の Here yet? は Are you here yet? の Are you が省略されたものです。「まだ着いていないの？」という感じで、苛立っている様子が伝わってしまいます。もちろん、長い時間待たされて、頭にきている時にはぴったりです。

この状況で I'm here. を使うと「あなたはまだ着いていないけれど、わたしはもうここに着いています」という含みを持つためかなり攻撃的な言い方になってしまいます。

④の I can't find you. Where? は「見当たりません、

どこ？」という感じですが、これは結構キツい印象を与えます。英語では主語を入れなければならないという規則がありますが、メッセージでは、**あえて主語を省略して話のトーンを和らげる効果**を狙います。押しつけがましさが軽減され、相手との距離感が近いという印象を与えます。

　この場面ではI can't find you. よりも Can't find you. の方がよいでしょう。しかし「あなたを見つけられません」という言い方は怒っている印象を与えてしまう可能性もあります。これは日本語でも同じですよね。

A

① Arrived. Whereabouts are you?
② Here. You?

────────────────

　　問

　スマホのショートメッセージなどでは、様々な略語が使われます。次の略語はどのような意味でしょうか？
(1) thx　(2) yw　(3) ttyl　(4) otw

　　答

(1) Thanks. （ありがとう）
(2) You are welcome. （どういたしまして）
(3) Talk to you later. （またあとでね）
(4) On the way （今向かっているところ）

3 遅刻しそうです

Q あなたは、午後1時に長年つき合いがあるクライアントと会う予定になっています。ですが、大雨で電車が遅れていて、もしかしたら少し遅れてしまうかもしれません。電車の中で電話することができないため、その状況をテキストメッセージでクライアントに知らせたいと考えています。以下の文の空欄に入れるのに最も適切な表現を、次の①〜④から1つ選んでください。

Good afternoon. I'm afraid [   ] due to the train delay. I should arrive by 1:10 at the latest.

① I'm late
② I'm running late
③ I'm coming late
④ I'll go late

ポイント
❶相手は誰か
　クライアント
❷何を伝えたいのか

遅れる可能性があること
❸どのように伝えるのか
事情を理解してもらえるように

　出前がなかなか来ないので、そば屋に電話をかけました。電話の向こうから「ちょうど今出ました」と返事がありましたが、実はまだ店を出ていない。「そば屋の出前」は、有名なことわざですね。「遅れます」と伝えるのは、なかなか言いにくい表現です。

　英語で「遅れそうです」という時、適切な表現を考えましょう。まず、今回のベースになる文を確認しましょう。I'm afraid [　　] due to the train delay. I should arrive by 1:10 at the latest. の **I'm afraid** は「〜が怖い」という意味で使われることもありますが、**相手に不利益が生じたりすることや、言い出しにくいことを言おうとする時に用いられる丁寧な表現**です。

　ここでは、予定の時間に遅れるのは相手に迷惑をかけますので、I'm afraid を使います。due to the train delay は「電車の遅延によって」という意味です。I should arrive by 1:10 at the latest. の should は「達成を強く望んでいる」時に使いますので、「1時10分には到着するはずです」という意味になります。それでは解答をみていきましょう。

　①の I'm late（遅れました）は、待ち合わせ時間をす

でに過ぎている時点で使います。電車の中で待ち合わせ時間が過ぎてしまった場合や、遅れて到着した場合などです。例えば、朝起きたらすでに始業時間が過ぎていました。そんな時は、I'm late for work!（完全に遅刻だよ!）とつぶやいたりします。

　今回の例では、まだ待ち合わせの時間が過ぎていませんので、I'm late. を使わなくて済みそうです。

　②の I'm running late（遅れそうです）が一番自然な表現です。**run late は「遅れて走る」ではなく、「予定より遅れる」**という意味になります。通常、**交通渋滞や事故、別の会議が長引いたなど、どうしようもない時に**使います。ここでは、電車の遅延という自分ではどうすることもできない原因ですので、run late が使われます。

　現在進行形（be running late）になっているのは「現時点では予定より遅れています」ということを表すためです。カジュアルな表現が許される場合には Sorry, I'm running a bit late.（ごめん、ちょっと遅れそう）と言えます。

　③の I'm coming late（遅れてやってきます）は奇妙に聞こえます。**come late は** The bus came late.（バスが遅れてきた）や The train comes late every Friday because it's so crowded.（混雑が原因で毎週金曜日は電車が遅れる）のように「**主語が自分のところ**

に遅れてやってくる」という意味を持ちます。ですので、「私が自分のところに遅れてやってきます」というのはおかしな文になります。

④の I'll go late（遅く行きます）を、相手のいる場所への到着が遅くなるという時に使うのは好ましくありません。

遅刻を伝える時には、次のような表現を使います。

▶Due to［理由］, I'm running（X minutes）late this morning. I hope to get into the office around 9:10.（［理由］のせいで、今朝は（X分）遅れてしまいそうです。9時10分頃には会社に着くかと思います）

▶I'm so sorry, but I'm running（X minutes）late this morning because of［理由］. I should arrive at the office by 9:20 at least.（申し訳ございませんが、［理由］のために、今朝は（X分）遅れてしまいそうです。遅くとも9時20分までには会社に着くはずです）

② I'm running late

4 初対面の相手をどう呼ぶか

Q 会議の席上、初対面の相手から名刺を受け取りました。名刺には Kevin Miller と書かれています。あなたが「初めまして。お会いできて光栄です」と伝えたい場合、"It's a pleasure to meet you, [   ]" と、相手の名前を言わなければなりません。空欄に入る適切な表現はどれでしょうか。次の①〜④から1つ選んでください。

① Miller
② Kevin
③ Mr. Miller
④ Mr. Kevin

ポイント
❶話し相手は誰か
　初対面のビジネスパートナー
❷何を伝えたいのか
　相手の名前
❸どのように伝えるのか
　失礼にならないように相手の名前を言う

日本の首相が、外国の要人をファーストネームで呼んでいる場面を報道で見たことがあるかもしれません。ファーストネームで呼べる間柄、すなわち親密な関係を築いたということを示しています。さて、仕事の場での初対面の相手をどのように呼べばよいでしょうか。

　① Miller は「苗字（surname）、ラストネーム」ですので、初対面の相手を敬称をつけずに苗字だけで呼ぶのは避けましょう。これは日本語でも駄目ですよね。日本語では「苗字」＋「さん」で呼ぶことが多く、それが英語圏に伝わっており、日本人だとわかった時に「Kurabayashi-san」と呼んだりする人もいます。お互いの文化を尊重する、そんな気持ちが伝わりますね。

　② Kevin は「ファーストネーム」です。初対面のビジネスパートナーをいきなりファーストネームで呼ぶことは避けたほうがよいでしょう。これは同じ英語圏でも温度差があります。オーストラリアやニュージーランドでは、比較的ファーストネームで呼んでも問題がない場合もあります。アメリカでは大学の先生に対して学生はProfessor Smith のように言わなければなりませんが、オーストラリアではファーストネームで呼んでも多くの場合問題が生じません。相手が Please call me Kevin. と申し出てくれたら切り替えるようにしましょう。

③の Mr. Miller がベストな呼び方です。

男性は Mr. で女性は Ms.（「ミズ」と発音します）を付けて呼びます。女性の場合、既婚か未婚で Mrs. や Miss. という敬称を付けていましたが、今日ではほとんど用いられません。男性は Mr. 女性は Ms. で、さらにイギリスではジェンダーを特定しない Mx.（ミクス）という呼び方も用いられるようになりました。

④の Mr. Kevin は奇妙な響きがします。

ファーストネームで呼ぶ時には、敬称をつける必要がありません。

初対面の時は Mr.（Ms.）＋ラストネームであれば、相手に悪い印象を与えることはありません。Daniel Young さんという人から名刺を渡された時に、Just call me Dan. と言われればそれ以降、相手のことを Dan と呼びましょう。相手から言われるまでは、ニックネームでは呼ばないようにします。また、相手が医師の場合は Doctor Miller、大学の先生なら Professor Miller のように呼んだほうがよいでしょう。

英語圏のコミュニケーションでは「相手の名前を言う」ことが、しょっちゅうあります。日本では朝、同僚と会えば「おはようございます」と言います。これが英語圏では、Good morning, Kevin. のように最後に相手

の名前、同僚であればファーストネームで呼びます。また、「ありがとう」という場面でも Thanks, Kevin. のように言うこともあります。

　文化によっては、すぐにファーストネームに移行するということもありますが、最初のうちは Mr.、Ms. などに続けて苗字（ラストネーム）を使うのがよりフォーマルで無難でしょう。**ファーストネームにするかどうかは、自分が決めるのではなく、相手の判断に従うのが鉄則です。**

#
③ Mr. Miller

問

　日本では自分の上司をビジネスパートナーに紹介するとき「上司の坂本です」と言いますが、英語ではどのように紹介すればよいでしょうか？

##

This is my supervisor, Ms. Sakamoto.

　supervisor の代わりに manager も使うことができます。This is my boss. と言うと自分と上司の関係がとても親しい感じが伝わりますが、すこし口語的な響きがします。初対面で、相手との距離が近いわけではないので、形式的な表現を使うほうがよいでしょう。

5 どのようなお仕事をされていますか

Q ある展示会で、自分と同じ業界で働く人に出会いました。自己紹介も終え、打ち解けた雰囲気になり、相手の仕事を具体的に聞いてみようと思う時、どのように切り出せばいいでしょうか？ 次の①〜④から適切なものを1つ選んでください。

① Can you tell me more about your job there?

② Tell me more about your position there.

③ What are you in charge of there?

④ What exactly do you do there?

ポイント

❶話し相手は誰か

　初対面、同じ業界の人

❷何を伝えたいのか

　どのような仕事内容か詳細を教えてもらいたい

❸どのように伝えるのか

　打ち解けた雰囲気を利用して、堅苦しくない感じで聞きたい

あまり親しくない相手に質問する際には、横柄ではなく、また詮索していると思われないようにしましょう。この微妙な匙加減は、英語を外国語として学習している私たちには難しいところです。特に初対面の場合、適度な距離感を保ちましょう。

① Can you tell me more about your job there?（もう少しあなたの仕事について聞かせてください）

can を使って依頼を表す時は注意しましょう。〈Can you〜？〉は、丁寧さに欠ける言い方であると見なされます。

他に Could you〜? や Would you〜? という表現があるにもかかわらず、丁寧さの度合いの低い Can you〜？を使うと、**面接官に質問をされているという印象を与えてしまいます。**

② Tell me more about your position there.（あなたの職位を教えてください）

いきなり動詞の原形 Tell からスタートしています。いわゆる「命令文」ですので、この形での質問はやめましょう。②と同じく**面接官から聞かれているような印象を与えます。**命令文に please をつければいいと思っている人もいますが、please は最小限の丁寧さしか示さない語で、「ちょっとだけ言い方がソフトになった命令文」であることは変わりありません。

③ What are you in charge of there?（どのような責任

のある仕事をしていますか？）

〈be in charge of〜〉は「〈人が〉（物を）指揮［監督、管理］している」という意味です。**何か責任のある仕事をしていて、それについて質問する時に使います。**例えば、I'm in charge of the marketing department.と言うと、自分がマーケティング部門で責任を持っていると伝わります。初対面ではこの表現は避けたほうがよいでしょう。

④ What exactly do you do there?（どのようなお仕事をされていますか）

What do you do? は「職業」を聞く時に使います。日本語では「何をされていますか？」と言うことがありますが、これを「そのまま」英語で What are you doing? と言うと、現在、目の前でやっている動作について質問することになります。

例えば、勉強をするはずの時間にもかかわらずゲームをやっている子供に対して、親が What are you doing? と言うと、「今はゲームの時間じゃない、何をやればいいかわかっているでしょ」というような「注意」を与えることになります。

今回の答えは What do you do? をベースとした What exactly do you do there? となります。この表現はとても英語らしいので、仕事を聞く表現として使えるようにしたいです。

ポイントは exactly という副詞です。疑問文で使うと

「もう少しだけ情報をください」という感じで、形式張らない印象を与えられます。Where exactly did you stay in Osaka? と聞けば「大阪でどんなところに泊まったのですか？」というカジュアルな質問ができます。

　また、相手の言ったことに対して Exactly と答えると、「まさに！　その通りです」ということを伝えられますし、Not exactly とすると「必ずしもそうとは限りません」という意味になる便利な表現です。ただし、What exactly do you mean? は「君は何が言いたいの？」と相手の発言に批判的態度を示す表現になります。

#

④ What exactly do you do there?

―――問―――

exactly を使って英語にしましょう。
(1) 正確には（はっきりとは）わかりません。
(2) ［相手が自分の言いたいことを言ってくれたときに］それが、私の言いたかったことです。

(1) I'm not exactly sure.
(2) That's exactly what I wanted to say.

6 日本では無作法になります

Q　外国から来た取引先の人たちと、食事をしています。みなさん日本は初めてですが、上手く箸を使って食べていました。しかし、お客さんの一人がご飯の上に箸を突き刺していました。日本では行儀が悪いとされていますので、注意したいと思います。どのように言えばよいでしょうか。空欄に入る適切な表現を次の①〜④から1つ選んでください。

　お客さんに向かって、Umm, FYI, [　　　　　　　　].

① don't do that with your chopsticks
② actually, it's considered a *faux pas* to do that with your chopsticks
③ that's very rude to use your chopsticks like that
④ it's bad manners to do that with your chopsticks

ポイント

❶話し相手は誰か
　海外からの来客（日本の文化を知らない）
❷何を伝えたいのか
　無作法であるということ

❸どのように伝えるのか
　気分を悪くさせないようにさりげない感じで

　誰しもが初めて訪れる国の文化やマナーについて熟知している訳ではありませんので、自分の行為が知らず知らずのうちにマナーに反している場合があります。そんな時にサッカーのレフリーのように、レッドカードを高らかに掲げホイッスルを鳴らしながら注意されると、嫌な気分になってしまいます。注意する側もされる側も嫌な気分にならないような指摘の表現を考えましょう。

　Umm, FYI の **FYI は For Your Information（参考までに）**という表現の頭文字を取ったものです。会話ではそのまま F（エフ）– Y（ワイ）– I（アイ）と発音します。この表現は、違反している人に対して、あからさまな警告にならないようにするのに役立ちます。FYI は多くのビジネスシーンで使われる便利な表現です。これから上司に会議で会うことになっている同僚に向かって、FYI, the boss is in a bad mood today.（参考までに、今日のボスは機嫌が悪いよ）と言ったりします。

① don't do that with your chopsticks（そんな風に箸を使ってはいけません）
　やってはいけないことを **Don't** で表すと、相手は高圧的な態度で「命令」されていると思ってしまいます。

親が子供に「だめ！」という時や、禁止や警告を伝えるポスターなどに書く時に使われる表現です。

② actually, it's considered a *faux pas* to do that with your chopsticks（実は、箸でそのようなことをするのは文化的によくないと考えられています）

　これがベストな言い方になります。**文頭に actually と言うことで、いきなり本題に入るのではなく、ちょっと言いにくいことを伝えるよ、と相手に心の準備をさせる**ことができます。

　it's considered a *faux pas* to do that の *faux pas* は「無作法」という意味を持つフランス語由来の単語で、「フォウパ」と読みます。発音記号では【fóʊpɑː】となります。丁寧に相手の無作法を指摘する時には、この表現が便利です。

③ that's very rude to use your chopsticks like that（そのように箸を使うことは、とても無作法である）

　rude は「無作法な」という意味の形容詞です。前出の *faux pas* が持つ丁寧さが一切含まれていない語です。そうすると、はっきりと「それは無作法である」という表現ですから、言われた側はあまりいい気分がしません。

④ it's bad manners to do that with your chopsticks

（箸をそのように使うのは、お行儀が悪いですよ）

〈**it's bad manners to〜**〉は、**親が子供に対して「〜するのはお行儀が悪いですよ」という時に使う表現**です。大人がこのように言われると、子供扱い、さらにはバカにされていると思ってしまう人もいるため、使わない方がよいでしょう。

ちなみに、行儀の悪い子供に向かって親がWhere are your manners?（お行儀はどこに行っちゃったのかしら？）と言って、行儀よく振る舞うようにたしなめることがあります。

A

② actually, it's considered a *faux pas* to do that with your chopsticks

7 この仕事の料金の見積りを お願いします

Q 担当するプロジェクトで、フリーランスのデザイナーに仕事を依頼します。まず費用がどれくらいか知りたいと思います。一通り仕事の内容について説明した後に、費用についてたずねる時に、適切な表現はどれでしょうか？　次の①〜④から2つ選んでください。

① How much will you charge for this job?

② Could you give me an estimate of your fees for this project?

③ What do you think your rate would be for this project?

④ What's your price for doing this job?

ポイント

❶話し相手は誰か
　仕事を依頼するデザイナー

❷何を伝えたいのか
　費用を知らせてほしい

❸どのように伝えるのか
　今後のトラブルを防ぐため、明確に伝える

仕事をする上では、それぞれの条件を確認し、合意をする必要があります。仕事が終わる頃になって費用のことでトラブルにならないようにしなければなりません。また、その後も一緒に仕事をする可能性がありますので、丁寧な表現で尋ねるようにします。ここでは、「料金」に関する表現を使い分けられるようにしましょう。

① How much will you charge for this job?（この仕事の費用はいくらですか？）

　charge はクリーニング代、ホテル代、電気代のようにサービスに対する代金や費用、手数料のことです。service charge は「サービス料」という意味です。ちなみに、free of charge や without charge は「無料で」という意味でよく使います。

　例えば Goods are delivered free of charge. で「配送料は無料です」という使い方があります。ここでは、業務上に発生する費用について確認するため「サービス料」のような意味を含む charge は使えません。

② Could you give me an estimate of your fees for this project?（このプロジェクトの料金の見積りをお願いできますか）

　fee は「専門職に対する謝礼、報酬；授業料、会費；手数料、入場料」という意味があります。学費や授業料

は fees という複数形で表します。ライセンス使用料は a license fee、登録料は a registration fee と言います。

　また「各種料金」のことを fee で表すことができますので、目に見えないサービスを表す場合も、charge と同じような使い方ができます。例えばキャンセル料を a cancellation fee、もしくは cancellation charge ということができます。

　ここでは、**専門的な職業であるデザイナーに支払う費用のことについて確認しますので、fees が適切**ですね。

③ What do you think your rate would be for this project?（このプロジェクトでのレートはいくらぐらいになると思いますか）

　rate は「（一定の基準に従った）値段、規定料金、代金；（時間当たりの）賃金」のことです。1日あたりデザインに係る時間や人件費など一定の料金があるという前提ならば、rate も使うことができます。例えば、ホテルのように1泊あたりの宿泊料金が決まっていて、連泊すると安くなりますという場合には次のように表すことがあります。

Special discounted rates are available for those staying for 3 nights or more.（3泊以上のお客様には特別割引料金をご用意しております）

④ What's your price for doing this job?（この仕事の値段は？）の **price は「商品の値段、価格」という意味**で使います。例えば、このノートパソコンの値段はいくらですか？　という場合 What's the price of this laptop?　や How much is this laptop?　と言います。原油価格は the price of oil、定価は a fixed price と言います。しかし、デザイナーに支払う費用として price という表現は適切ではありません。

A

② Could you give me an estimate of your fees for this project?

③ What do you think your rate would be for this project?

★各種「費用」を表す英語

fare　乗車料金／a bus fare（バスの運賃）

rent　家や土地の家賃／room rent（家賃）

cost　代価、原価、支払総額／the cost of living（生活費）

fine　罰金／a fine for speeding（スピード違反の反則金）

　　　a fine for illegal parking（駐車違反の反則金）

toll　通行料／a toll road（有料道路）

8 金曜日までに必要ですが、可能ですか

Q 取引先の企業に、どうしても今週の金曜日までに手に入れたい商品を注文しました。相手に急いで送ってもらえるかどうかを、メールで確認しようと思います。フレーズを完成させるのに適切な表現はどれでしょうか？ 次の①〜④から2つ選んでください。

We really need them by Friday. [   ]

① Can you do it?

② Can you manage?

③ Is this doable?

④ Would this be possible?

ポイント

❶話し相手は誰か

　取引先の担当者

❷何を伝えたいのか

　金曜日までに送ってほしい

❸どのように伝えるのか

　可能性があるかどうか確認する

相手に要求する場合は、どうしてなのか理由をはっき
り伝えましょう。日本語だと「いつ頃発送していただけ
ますでしょうか？　できれば早く送っていただけると助
かるのですが」のように理由をはっきり言わない場合も
あります。自分の都合ばかり押しつけるのも悪いかなと
思っているかもしれません。しかし、こういう場合は
「金曜日までに必要である」という自分の事情をきちん
と提示し、急いで送ってもらえるか、相手に確認する表
現にしましょう。

　①の Can you do it? の Can you〜？ は「〜できます
か？」という意味です。英語としては、全く問題はあり
ません。ですが、この場合、連絡している相手は取引先
の人ですので、Can you〜？ での質問は避けたほうがよ
いでしょう。**相手に依頼や確認をする場面で、助動詞の
現在形を使って疑問文を作ると、相手との距離感が「近
い」ということを示します。**親しい間柄であれば大丈夫
ですが、この場合は適切ではありません。

　②の Can you manage? の manage については、こ
こで少し確認しておきましょう。manage には動詞とし
て「経営する」「運営する」の他、manage to do で「困
難だが、どうにか〜する」という意味があります。ここ
での、**Can you manage〜？ という表現は、「（助けなし
で）〜にうまく対処できますか？」**という意味です。こ

こでは、相手が一人でなんとかがんばるという文脈では
ないため、適切ではありません。

③の Is this doable? の形容詞 doable が難しかった
かもしれません。これは「〜をする」を表す動詞の **do**
に「できる」の意味を持つ語尾 **able** をくっつけたもの
です。「やれる可能性がある」「できそう」がその意味に
なります。あまり使ったことがないかもしれませんが、
「**それは、できそうですか？」と控えめに依頼をする時
に用いる一般的な表現ですので、覚えておきましょう。**

④の Would this be possible? もよく使う丁寧な表現
です。丁寧さを表すために **Would** が使われています。
ここで、Would you do it? と言いたくなるのですが、
直接相手を指し示す you の使用を避け「これは可能で
すか？」と主語に this を持ってきます。そうすること
で「相手の責任を問いたださない」ことになり、would
you よりも一段丁寧な表現になります。また、doable
と possible はほとんど同じ意味と見なしてよいでしょ
う。
　この場面では **doable** の方が口語的で、**possilble** は
「やや堅い」表現だと考えている母語話者が多くいま
す。ということで、③の doable を使う方が自然な感じ
になります。④の possible は、特に相手との距離を確
実に取ろうと考えている場合に使うとよいでしょう。

A

③ Is this doable?

④ Would this be possible?

---

doable を使って英語にしましょう。

(1)「この課題（タスク）は大変そうだけれど、できそうだと思う」

(2)「このプロジェクトはやれると思う」

(3)「それは次の水曜日までは無理そうです」

答

(1) This task may be difficult, but I think it will be doable.

(2) I think the project is doable.

(3) It's not doable by next Wednesday.

9 提案をお受けします

Q 半年かかった交渉も大詰めです。相手側からの提案を受け入れてもよいという条件がそろいました。そこで「熟考を重ねた結果、提案をお受けいたします」と言おうと思います。"After much consideration," の後に続く表現として最適なものはどれですか？ 次の①〜④から1つ選んでください。

① we can finally agree to these terms.

② this works for us.

③ I'm glad to accept.

④ that sounds great.

ポイント

❶話し相手は誰か

　取引先の担当者

❷何を伝えたいのか

　相手の提案を受け入れることを表明する

❸どのように伝えるのか

　交渉がまとまることをはっきりと伝える

交渉がまとまる時の決め台詞ですから、明快に伝えます。「提案を受け入れる」ことを伝える場合に問題になるのが、主語の選択です。

**　ビジネスのやりとりにおいて、I を主語にすると「話している人自身の主張や考え」を表し、we を主語にすると会社を代表しての主張や考えを伝えることになります。we は自分の所属する店・会社として「当店」「わが社」「弊社」という場合に使います。**

　① we can finally agree to these terms. が好ましい表現です。主語に we を使うことで「話し手の意見ではなく、会社の意見である」と伝えられます。そして、長い時間をかけて議論をして、**これで終わりであるということを明確に伝えるために、finally を使います。**we can finally〜で最終的な結論を伝えることができます。ここでおさえておきたいのは、「同意」の表現です。

　相手の提示した条件や提案内容について「賛成」する場合は、agree to〜 を使います。I agree to your proposal. は「あなたの提案に賛成です」という意味になります。また、相手と**「同じ意見である」という場合は、agree with〜を使います。**I agree with your idea. は「あなたと同じ考えです」という意味になります。

　② this works for us も同意を伝える表現ですが、取引が妥結するような場面ではカジュアルに響きますの

で、おすすめできません。ですが、**この表現は友人や親しい人、同僚との会話では使える表現です**ので覚えておいても損はありません。

　日常会話では "Works for me." という言い方をします。意味は「それで OK です」という感じです。例えば、How about next Monday?（来週の月曜日はどうですか？）と聞かれた時に Works for me.（大丈夫です）や、That works for me. と言います。

　③I'm glad to accept. は「喜んでお受けいたします」をそのまま英語にしたものですが、もちろん通じないわけではありません。**この場合の accept は相手の招待や申し出などを快く受けるという意味なので、ここでは適切ではありません。**

　④that sounds great（すばらしいですね）は、カジュアルな口語表現として相手の意見に同意するときによく使います。これは単に Yes と言っているに過ぎない表現ですので、交渉が妥結する時に使うことはできません。

　他にも That's exactly how I feel.（まさに私が考えていたことと同じです）という言い方があります。

A

① we can finally agree to these terms.

普段の会話で使える同意表現を確認しましょう。

▶I totally agree.（完全に同意します）

　I couldn't agree more.（全面的に同意します）。この表現は否定文になっているので「賛成できなかった」という意味を表していると思ってしまいがちですが、これは助動詞の過去形を使って「これ以上同意することなんてできない」→「完全に同意です」という意味になるのです。

▶I bet.（そうだね！）

▶You bet.（もちろん！）この表現は相手に誘われた時に、yes や sure の意味で使うことがあります。

　ちなみに bet you を縮めた betcha を使った You betcha. というスラング表現があります。これは yes の強調で「もちろん、大丈夫！」という感じで使われます。また I betcha Ken is going to get the best score in the class. のようにして「ケンはクラスで一番の成績を取るだろう」というような確かな推量を表す時にも使うスラングです。

10 納期の遅れをお詫びします

Q 社会情勢の変化により、サプライチェーンの混乱が生じています。長年担当しているクライアントに納品する商品が、予定より1週間遅れて届きました。先方も事情は理解していますので、多少の遅れの覚悟はしてくれていました。このような場合、クライアントに対して、どうお詫びするのがよいでしょうか？ 適切な表現を、次の①～④から1つ選んでください。

① I would like to extend my sincere apology for the delayed delivery.

② Sorry about the late delivery.

③ I must apologize for the delayed delivery.

④ The delivery was delayed. I'm sorry for you.

ポイント

❶話し相手は誰か

　長年付き合いのあるクライアント

❷何を伝えたいのか

　納品が遅れたことに対する謝罪

❸どのように伝えるのか

あまり大げさではなく、お詫びの気持ちが伝わるように

　英語で謝罪する時は、[謝罪の気持ちを伝える] ＋[謝罪しなければいけないことがら] をセットにして言います。

　まずは、謝罪の気持ちを表明することが必要です。**カジュアルな表現として I'm sorry. を使いますが、今回のシチュエーションでは避けなければなりません。**やや改まった場合は、I'm terribly sorry about〜のように sorry の前に very や terribly のような副詞をいれて、「本当にごめんなさい」という表現にするとよいでしょう。

　もちろん、丁寧に理由を説明した後に謝罪の気持ちを伝えるというパターンもあります。I have just found that there are two errors in the agreement. I am very sorry about that.（合意書に2カ所のミスがあることに気づきました。大変申し訳ございませんでした）

　大切なことは「何に対しての謝罪であるのか」を明確にして、誠実な態度で謝罪をすることです。この時に sorry という表現の他に、さらに謝罪の気持ちを前面に押し出す apology や apologize という表現も使えるようにしましょう。

① I would like to extend my sincere apology for the

delayed delivery.（納期が遅れましたことを心より
お詫び申し上げます）

　I would like to extend my sincere apology for〜と
いう表現は「〜について心よりお詫び申し上げます」と
いう、謝罪の表現として用いることができます。です
が、これはかなりフォーマルな言い方ですので、相手が
「そこまで丁寧にならなくてもいいのに」と思ってしま
います。**本当に丁寧に相手に謝罪をしなければならない
時に使う**、と考えておけばよいでしょう。

② Sorry about the late delivery.（納期が遅れてすみ
　ません）

　本来は I'm sorry about〜という表現なのですが、カ
ジュアルな場面では I'm を省略して **Sorry about〜** と言
うことが多いです。**気心の知れた友人や家族といった親
しい関係のある人に言うのであれば問題はありません
が、仕事に関わることで謝罪しなければならない場面で
は避けたほうがよいでしょう。**

③ I must apologize for the delayed delivery.（納期の
　遅れについてはお詫びしなければなりません）

　ここで must apologize という表現が使えるといいで
すね。助動詞の must は話し手が主観的に「〜しなけれ
ばならない」と感じている時に使い、義務や必要を表し
ます。つまり、**「私が謝罪する必要性を強く感じてい**

る」ことを **I must apologize** と表します。しかし、この must を have to に変えて I have to apologize for〜とはできません。have to には must と同じように「〜しなければならない」という意味がありますが、状況的に「〜する必要がある」、客観的にやらなければならない場面で用います。ですので、「自分の意志とは関係なく謝罪します」という意味になり、開き直っているイメージを与えてしまいます。

④ The delivery was delayed. I'm sorry for you.（納品が遅れました。あなたを気の毒に思います）

　これでもいいと思う方もいるかもしれませんが、重大な誤りが1つあります。それは **sorry for you の部分です。これは「あなたのことを気の毒に思う」という意味**になります。sorry には「申し訳なく思う」という以外に「気の毒に思う」という意味があります。悪い知らせを聞いて「その話を聞いて気の毒に思います、残念な気持ちになります」という時に I'm sorry to hear that. と sorry が使われていますね。

#

③ I must apologize for the delayed delivery.

　ここで、母語話者がよく使う代表的な謝罪表現を確認しておくことにしましょう。

▶Please accept my apology for this late reply to your email.（メールの返信が遅くなってしまいましたことお詫び申し上げます）

　ちなみに次の例にあるように、apology を複数形にすることで何度もすみませんと言っているような感じを伝えることができます。

▶Please accept my apologies for this late reply to your email.

　もしくは、Thank you for your patience. を使います。日本語的発想であれば「お待たせしてすみません」と謝罪するところですが、英語では「待ってくれてありがとうございます」という感謝の気持ちを表します。カスタマーセンターに電話をして、だいぶ待たされた時に、オペレーターがよく言う表現です。

　謝罪を受け入れる場合には、次のような表現があります。

▶Don't worry about it, please.（どうぞご心配なく）

▶That's not a problem.（問題はありませんよ）

▶There's no need for concern.（心配はいりませんよ）

　こうした表現は覚えておき、いつでも使えるようにしましょう。

第 3 章

社内コミュニケーション1
〈仕事〉

この章では、同僚との仕事上のコミュニケーションで使える表現を確認します。親しさの中にも、節度をもった表現を学びます。

1 何かご意見をお願いします

Q 顧客とよりよい関係を築いていくにはどのような営業戦略がよいのかについて、チームで会議を行うことになりました。若い新入社員でも、積極的に意見を出せるような雰囲気を作り出そうと思います。どのように伝えればいいでしょうか。適切なものを次の①～④から1つ選んでください。

① Please tell us what you think about this.

② We'd love to hear any ideas you might have on this.

③ If there's something you want to say, please say it.

④ Do you have anything to add?

ポイント

❶話し相手は誰か

　新入社員の同僚

❷何を伝えたいのか

　ミーティングで積極的に意見を言ってもらいたい

❸どのように伝えるのか

高圧的にならず、意見を出しやすい雰囲気をつくれる
ように

　新入社員は周りの環境に慣れるのが精一杯で、なかな
か自分の意見を言うことができません。そんな時に、意
見を出しやすい雰囲気を作るにはどのような表現がいい
でしょうか。日本語でも「意見を言ってごらん」とか
「何かある？」と言われるとちょっと「圧」を感じてし
まい、言い出しにくいですね。これは、英語でのコミュ
ニケーションでも同じです。

① Please tell us what you think about this.（これに
　　ついてあなたがどう考えているか言ってください）
　動詞の原形を使った**命令文に please を付けても、丁
寧な依頼の表現にはなりません。あくまでも命令文で
す。**ですので、このように言われた新入社員は「命令さ
れている」と感じてしまうでしょう。したがって、意見
を出しやすい雰囲気を作ろうという場面では適切ではあ
りません。

② We'd love to hear any ideas you might have on
　　this.（何かご意見があったら、ぜひ聞かせてくださ
　　い）
　「意見を言いなさい」というような命令ではなく、「あ
なたの意見を聞きたい」という姿勢を示すことが大事で

す。まずは、全員がチームの仲間だという姿勢を表すために、主語を we にします。そして〈would love to＋動詞の原形〉で、「とても〜したい」と心からそれを望んでいると相手に伝えます。そうすると、話してもらいやすい雰囲気を作ることができます。

　any ideas you might have on this という表現ですが、any ideas と idea を複数形にすると「どんな考えでもいいので何かあれば」というメッセージが伝わります。また you might have と助動詞の過去形である might を使うことで「もしよろしければ」というやわらかい表現に変わります。

　ここで用いられている idea は単数形と複数形では意味が変わることがありますので気をつけましょう。

　例えば、「この考えについてどう思いますか？」と聞かれ、「考えが思いつきません」と言う時には、I have no ideas. とします。I have no idea. と言ってしまうと「わかりません」という意味になり、言われた側はあまりいい気分ではありませんよね。

③ If there's something you want to say, please say it.（もし何か言いたいことがあれば、言ってください）

　文法的には全く問題はありません。後半の please say it は命令文になっているので、今回のシチュエーションでは避けた方がよいでしょう。また「もし何かあればどうぞ」と言われたら、遠慮して「特にありません」

と答えてしまう人もいるでしょう。

　話しやすい雰囲気を作るためには、相手の意見を聞く姿勢を見せる必要があります。少しでも高圧的な感じを与えないように気をつけましょう。

④ Do you have anything to add?　（他に何か追加することはありますか？）

　この表現は**一通り意見が出尽くしたところで、まだ発言をしていない人に向けて意見を求める場面で使います**。ただ、意見が出尽くしたところで、自分の意見を出せと言われても難しいかもしれませんね。

　新入社員の意見も大切にしたいと思う場合は、最後ではなく、最初や話し合いの途中で話を振ってあげる方が話しやすい雰囲気を作ることができます。

② We'd love to hear any ideas you might have on this.

2 その時間は都合がつきません

Q 同じ部署の同僚から、明日の昼食後に簡単なミーティングをしようと提案されましたが、あなたはその時間にすでに上司とのミーティングの予定が入っています。同僚に、どのように説明すればよいでしょうか。空欄に入る適切な表現を、次の①〜④から1つ選んでください。

[　　　　　] I'm meeting with Ms. Mori then.

① Sorry, I can't meet you because

② Actually, I can't as

③ I deeply apologize that I can't make it because

④ I'm sorry for that. As you may know,

ポイント

❶話し相手は誰か

　同僚

❷何を伝えたいのか

　その時間は都合がつかない

❸どのように伝えるのか

　申し訳ないという気持ちを込める

誘いを受けた時間に先約があった場合、どのように断ればよいでしょうか。「悪いね、先約があってさ」というようなカジュアルな断り方もありますし、「大変申し訳ないのですが、その時間は既に別の方との打ち合わせの時間が入っておりまして、どうしても都合をつけることができません」というように丁寧な答え方もあります。

　この場合は同僚ですから、「カジュアルになりすぎず、丁寧になりすぎない表現」を心がけてみましょう。

① Sorry, I can't meet you because I'm meeting with Ms. Mori then.（ごめん、その時間は森さんとの打ち合わせがあって。あなたと会うのは無理です）

　Sorry を文頭で独立させて使う場合、カジュアルな印象を与えてしまいます。もちろん、親しい関係ならば使うことはできます。そして I can't meet you は、先約があるので会うことができないと、ストレートに伝えています。できないということをそのまま相手に言うと、ぶっきらぼうな印象を与えて、誤解を生じさせてしまう可能性もありますので、この部分を工夫したいところです。

② Actually, I can't as I'm meeting with Ms. Mori then.（実はできなくて。というのもその時間に森さ

んと会うことになっています）

Actually は「実は」という意味の副詞ですが、**文頭や文末で使うと、「ストレートな言い方を避ける」「文のトーンを和らげる」**効果があります。相手の面子を潰さない配慮ができます。

さらに、I can't meet you はダイレクトな表現ですが、**動詞の部分 meet you を省略すれば、「会うことができない」と口に出していないため、「ダイレクトさ」が軽減されます。**

日本語でも「ええと、ちょっと、その時間は森さんと会うことになっていて」と言うことで、「会うことができない」と言わなくてもメッセージが十分に伝わるのと同じです。

さらに、続けて How about 4 p.m? 「午後4時はどう？」や、But I'll be free after 3 p.m. 「午後3時以降は空いています」のように代案を提示すると、相手に「断わられた」というイメージを持たせることなく、協調的であると示すことができます。ここで I'm meeting と現在進行形が使われているのは、確定した未来のことを表すからです。

③ I deeply apologize that I can't make it because

「大変申し訳ないのですが、都合がつきません」という意味で、確かに通じる英語です。ただし、この表現は**謝罪の気持ちが強すぎて、同僚に対しての返事としては**

あまり適切ではありません。相手との距離を保ちつつ謝罪をする時には、よいでしょう。

他にも、I sincerely apologize that〜や、I deeply regret that〜など丁寧な謝罪の表現があります。日本語も同じですが、上下関係や社会的な立場をあまり気にすることがない場面での丁寧すぎる表現は、かえって皮肉や嫌味のように聞こえてしまう可能性があります。

④ I'm sorry for that. As you may know,

「ごめんなさい、知っていると思うけれど」という意味です。「ご存知のように」という日本語はいろんな場面で使うことがあります。ですが、英語の as you know という表現は「知っていて当然」という感じで、皮肉に聞こえることがあります。基本的には「お互いが知っていることについて確認する」時に使います。

As you know の後ろに自明のことや、相手が知らないと思っていることを続けると、「そんなことも知らないの？」という言外の意味を伝えることになります。

② Actually, I can't as

3 手伝ってもらえませんか

Q 来週の会議で行うプレゼンの準備を、同僚に手伝ってもらいたいので、「お忙しいところ無理にとは言いませんが、お願いできますか」と言いたいと思います。

I know you're busy, [　　] の空欄に入る表現として適切なものを、次の①〜④から1つ選んでください。

① but I'd really appreciate it.

② but it can't be helped.

③ so don't push yourself.

④ so I'm sorry for bothering you.

ポイント

❶話し相手は誰か

　仕事を依頼している同僚

❷何を伝えたいのか

　忙しいかもしれないけれど手伝ってもらいたい

❸どのように伝えるのか

　相手の状況を理解していることがわかるように

I know you're busy, の意味は「あなたが忙しいこと

を私は知っています」となります。ここに but を添えると、「お忙しいところ申し訳ないけれど、〜」という表現になります。**このような前置きをすることで相手の心理的負担をやわらげることができます。**

　相手が何かをしている時には、「今やっていることを邪魔してごめんなさい」というニュアンスを持つ、I'm sorry to bother you. Could you〜? や Sorry to bother you while you're busy. という表現を使います。

　例えば、Sorry to bother you while you're busy. I was wondering if you could help me read this manual written in Spanish.（仕事中に邪魔して申し訳ないですが、ちょっとこのスペイン語のマニュアルを読むのを手伝ってもらえませんか？）のように使います。

① but I'd really appreciate it.（ありがたいのですが）

　I know you're busy, but I'd really appreciate it. で「忙しいところ申し訳ないですが、お願いできるとありがたいです」という意味で、**依頼の表現とセットで使います**。また、I'd appreciate it, if you could get this done on time.（時間通りに終わらせてくれるとありがたいのですが）のように使います。

② but it can't be helped.（しかたがないのですが）

　It can't be helped.（=I can't help it）という表現は「どうしようもない」「仕方がない」という意味になりま

す。例文で確認してみましょう。

▶I can't help it（that）she doesn't like me.（彼女が
私のことを嫌いなのは仕方がない）

▶It can't be helped under the circumstances.（こん
な状況なので仕方がない）

つまり、**it can't be helped** は「仕方がない、あきら
めましょう」という意味で使われています。この場面で
は「忙しいので仕方がありません」という意味になり、
伝えたいこととは一致しません。

③ so don't push yourself.（無理しないでください）

Don't push yourself too hard.「あまり無理しない
でください」という表現はよく使います。仕事をお願い
して「大変なら無理しないでください」と言えそうな感
じもしますが、これは次のような場面で使われます。

A：I really want to go to the gym tonight, but it
  might be after midnight.

B：Don't push yourself. Getting a good sleep is
  more important than working out.

（A：今夜は本当にジムに行きたいんだけど、夜中に
なってしまうかもしれないんだ。

B：無理しないでね。体を鍛えるより、ぐっすり眠る
ことの方が大事だよ）

相手がこれからやろうと思っていること、今やってい
ることについて、大変そうだと思い気遣う表現です。自

分がお願いした仕事に対して「無理しないで」と言う意味で Don't push yourself（too hard）. は使いません。

④ so I'm sorry for bothering you.（お手数をおかけしました）

I'm sorry for bothering/troubling you. は通常、すでに迷惑をかけた後に言い、**I'm sorry to bother/trouble you.** は通常、迷惑をかける前に言います。

カジュアルに人に頼んだりする時に、Sorry to trouble you.（面倒かけるけれど、ごめん）というような使い方をします。この trouble を使って、It's no trouble at all.（全然かまいません）という表現があります。これは、何か依頼をされた時に「そんなこと、たいしたことないよ」と返事をする時に使います。

① but I'd really appreciate it.

Q 気心の知れた同期が手伝ってくれたおかげで、期日ギリギリで仕事をなんとか終えることができました。相手に対して、どのような言葉で感謝を伝えればよいでしょうか。適切なものを次の①〜④から2つ選んでください。

① Thank you from the bottom of my heart.

② I really appreciate your help. Thanks a lot.

③ You're a lifesaver. Thank you so much!

④ I'm grateful for your help. Thank you.

ポイント

❶相手は誰か
　気心が知れた同期
❷何を伝えたいのか
　感謝の気持ち
❸どのように伝えるのか
　あまり丁寧になりすぎず

① Thank you from the bottom of my heart.（心より

感謝申し上げます）

　最大限の感謝を伝える言葉です。この言葉を聞いた同期は「そこまで感謝しなくても」と、引いてしまうかもしれません。

　たとえば、あなたの家族の手術をしてくれた医師に向かって、"Thank you from the bottom of my heart—you saved my husband's life".（夫の命を救ってくれました。心より感謝申し上げます）と言うような「重み」があります。

② I really appreciate your help. Thanks a lot.（本当にありがとう。感謝してるよ）

　手伝ってもらった時に感謝を伝える表現として、一般的です。似たような表現に Your support is greatly appreciated. や Your assistance is highly appreciated. というものもありますので、覚えておくとよいでしょう。そして、最後に Thanks a lot. を付け加えると完璧です。他にも Thanks a million. という言い方もあります。

　ちなみに、Thanks for your support. I owe you one.（助けてくれてありがとう。恩に着るよ）という感謝を伝える表現もあります。

　この文にある **I owe you one.** は「あなたに1つの借りができた」という意味ですが、感謝を伝える場面では**「あなたのおかげです」や「恩に着る」という意味で**よ

く用いられます。

③ You're a lifesaver. Thank you so much!
（助かったよ、本当にありがとう！）

　感謝の気持ちを伝える時には、so much をつけて強調をします。そして、You're a lifesaver. は「あなたはライフセーバーです」と言っているのではなく、「すごく助かったよ」という意味です。

　他にも You saved my life. のような表現も心からの感謝を伝えることができます。実際に自分自身の生命に危険が及んだということではなく、「ピンチを救ってもらって命拾いした」すなわち「助かった」ということを You're a lifesaver. や You saved my life. で表現しています。

④ I'm grateful for your help. Thank you.（お世話になりました。ありがとうございます）

　しょっちゅう耳にする表現ですので、なんとなく社交辞令のような響きもあり、避けた方がよいかもしれません。

　この I'm grateful for〜は、たとえばグリーティングカードに I'm grateful for having a good friend like you in my life.（私はあなたのような友人がいて幸せです）と書いて、友人への感謝を伝える時に使うような表現です。

また、I'm grateful that I found this job.（私はこの仕事に就けて嬉しく思います）と言ったりします。つまり、**I'm grateful for〜**は何かをしてくれたことに対する感謝と言うよりも、現状に対する感謝を表す時に使います。

A

② I really appreciate your help. Thanks a lot.
③ You're a lifesaver. Thank you so much!

ありがとう！　本当に助かった
You're lifesaver

5 おつかれさまでした

Q 定時を過ぎ自分の仕事も片づきましたので、会社を出ようとしています。同僚に「今日はここまでにします。おつかれさまでした」と言う時に、適切な表現を次の①〜④から1つ選んでください。

① Good work! Good night.

② Good job, everyone. Have a good evening.

③ I appreciate your hard work today. Thank you.

④ I'm gonna call it a day. See you tomorrow.

ポイント

❶ 話し相手は誰か

まだ仕事をしている同僚

❷ 何を伝えたいのか

自分が仕事を終えて帰ること

❸ どのように伝えるのか

退勤時の挨拶として

日本語の「おつかれさま」は、かなり幅広い場面で使われます。社内で同僚とすれ違った時に「おつかれさま

です」と言ったり、退社する同僚に「お先に失礼します」と言われて、「おつかれさまです」と言うことがあります。今回のように、自分が帰る時に「今日はここまでにします。おつかれさまでした」と言ったりします。この場合は「疲れている」という意味はほとんど失われています。もちろん、労をねぎらうような意味も多少はあるかもしれませんね。

① Good work! Good night.（よくやった。さようなら）

　Good work! や **Well done!** は何か一つの仕事を終えて、その成果を報告して、**上司が「よくやった！」とほめるような時に使う表現**です。従って、退社する際に同僚にかける言葉としては適切ではありません。

　それから Good night. は「おやすみなさい」ですが、夜に別れる挨拶として「さようなら」という意味で使う場合もあります。

② Good job, everyone. Have a good evening.（みんな、よくやった！　それではさようなら）

　Good job, everyone. は小学校などで先生が子供たちに「**みんな、がんばったね！**」というような感じがします。ですので、大人同士で使うとかなりの違和感があります。したがって退社時の挨拶としてはふさわしくありません。あなたが部下の労をねぎらい、仕事の成果をほめる表現として、Well done! や Excellent work!、You did it! などがあります。そして、この例にある Have a good evening. は夕方や夜に、さようならを言う場面で使います。

自宅に招かれて夕食をごちそうになり、帰る時に次のように言うことがあります。

▶Thanks for inviting me. Have a good evening!
（お招きいただきありがとうございます。これで失礼いたします）

③ I appreciate your hard work today. Thank you.
（今日は大変な仕事ご苦労様。ありがとう）

I appreciate your hard work today. も労をねぎらう時に使う表現で、かなり丁寧な感じがしますが、**上司が部下に対する表現**であることには変わりありません。Thank you for your hard work. とすると、少しカジュアルな感じになります。

④ I'm gonna call it a day. See you tomorrow.
（ここら辺で仕事を終えることにします。おつかれさまでした）

call it a day は、「（まだ終わっていないけれど）仕事を切り上げる」や「仕事を終える」という意味の定型表現です。「それを一日と呼ぶ」という直訳をしても意味がわからないので、I'm gonna call it a day. を丸ごと覚えてしまうとよいでしょう。This does it for today. や

Let's leave off here for today. も「今日はおしまい」という意味で使います。そして、See you tomorrow. と続けることで、帰ることを伝えます。I'm gonna は、I'm going to の〈going to〉を〈gonna〉に縮めてカジュアルにした口語表現です。

④ I'm gonna call it a day. See you tomorrow.

call it a day を使った表現を確認しておきましょう。

▶ It's past six o'clock so let's call it a day.
（6時を過ぎたから、今日はそろそろ切り上げよう）

▶ It is getting dark. Let's call it a day. （だいぶ暗くなってきたから、今日はここでおしまいにしましょう）

ちなみに応用ですが、call it quits という表現があります。これは、「続けてきたことをやめる」「（ケンカをしていて）引き分けだ、今日はおあいこだ」という意味があります。

call it quits に "for the day" を付けて「今日の仕事をこれで終わりにする」という意味にすることができます。以下の例文で確認しましょう。

▶ Let's call it quits for the day.
（今日はここまでにしよう）

6 お先に失礼します

Q　まだ仕事は残っていますが、この後は家族との約束があるので、そろそろ会社を出ることにします。まだ仕事中の同僚がいるので、「お先に失礼します」と言おうと思います。適切な表現を、次の①～④から2つ選んでください。

① I'm sorry for leaving early.

② I'll see you tomorrow.

③ Have a good evening, everyone.

④ I have plans tonight, so I'm going home.

ポイント

❶話し相手は誰か
　まだ仕事をしている同僚
❷何を伝えたいのか
　自分が先に帰ること
❸どのように伝えるのか
　退勤時の挨拶として端的に

　私たちが、職場を出る時に言う「お先に失礼します」

とは、同僚に許しを請うて帰宅するのではありません。自分が帰ることを同僚に伝える「挨拶」の一種です。

　ですから、I'm sorry for leaving early today. のように、「お先に失礼します」を文字通りに英語で言っても「なんで、この人はそんなことを言っているの？」と怪訝な顔をされてしまうでしょう。退勤の際に用いる適切な表現を学びましょう。

① I'm sorry for leaving early.（すみません、早めに帰ります）

　日本では退勤時に「すみません、お先に」と言うことがありますが、違和感はないでしょう。謝罪の気持ちを表明しながら帰っているわけではありません。もちろん、「すみません」を文字通りに解釈していません。一方、**英語の I'm sorry は、自分に非があり、それを謝罪する時に使います。**

　ですので、先に帰ることは自分に非があるわけでないため、I'm sorry と言う必要はありません。この文は、今回のシチュエーションには合わない表現になります。

② I'll see you tomorrow.（また明日会いましょう）

　退社をする際は「また明日」、週末であれば Have a good weekend! などと言えば大丈夫です。つまり「さようなら」と言えばいいのです。I'll を省略して See you tomorrow. だけでも全く問題ありません。

くだけた表現であれば Bye for now.（またね）など
があります。オーストラリアでは Cheers. と言うこと
もあります。「乾杯」として使われる以外に「さよな
ら」「じゃあね」の意味があります。また、イギリスで
は Cheerio. と言う人もいます。

③ Have a good evening, everyone.（みなさん、楽し
　　い夕方をお過ごしください）
　　日本では会社を出る時に「楽しい夕方をお過ごしくだ
　さい」とは決して言わないと思います。週末に言う
　Have a good weekend. も同じ発想ですが、**英語では相
　手に自分の時間を楽しんでもらうように言うのが慣習の
　ようになっています。**

　　他にも Have a nice day then. や、あまり日本人の英
　語学習者にはなじみがありませんが、Enjoy the rest of
　your day.（今日の残りの時間を楽しんでね）という表
　現があります。

　　レストランで、ウェイターが料理をテーブルの上に置
　いたとき、Enjoy your meal.（どうぞお食事をお楽し
　みください）と言います。この時はウェイターの目を見
　て Thanks. と返事をするようにしましょう。

④ I have plans tonight, so I'm going home.（今晩予
　　定があるので、帰宅します）
　　終業時間になれば帰るのは当然ですので、早く出る理

由を言われても、相手は困ってしまいます。ですので、**I have plans tonight は言う必要のない表現です。**

　もちろん、約束の時間に遅れる場合はきちんと理由を説明しなければなりません。ここでは、退勤時間に帰るのですから、理由を付けて説明する必要はありません。

A

② I'll see you tomorrow.

③ Have a good evening, everyone.

7 オンラインミーティングしませんか

Q リモートワーク中に一緒にプロジェクトに取り組んでいる同僚と、電話で話をしています。来週あたり、Zoom でのオンラインミーティングをしたほうがよいと伝えようと思います。以下の文を完成させるのに最も適した表現を、次の①〜④から2つ選んでください。

Would [　　　　　] instead of meeting in person?

① it be too much trouble for you to have an online meeting

② setting up a Zoom meeting be all right with you

③ you like to have a Zoom session

④ Zooming work for you

ポイント

❶話し相手は誰か
　同僚
❷何を伝えたいのか
　オンラインミーティングを設定したい
❸どのように伝えるのか
　形式張らず、端的に提案する

自宅で仕事することを日本語では在宅勤務やリモートワークと言いますが、英語では work from home と言います。メールなどでは省略形の wfh と書いたりもします。他には、telework や remote work という表現があります。同僚への提案ですので、あまり形式張らない表現にするのがここでのポイントです。

　ちなみに instead of meeting in person には、2点押さえておくべき表現があります。一つは **instead of〜ing**「〜する代わりに」と、**in person**「対面で」です。「直接会ってミーティングする代わりに」という意味になります。これまでずっとオンラインでしか会っていなかった人に、「対面で会えるのを楽しみにしています」という時には次のような言い方がよいでしょう。

I'm looking forward to seeing you in person.

① （Would）it be too much trouble for you to have an online meeting?（ご面倒でなければ、オンラインミーティングをお願いしたいのですが）

〈Would it be too much trouble for you to 動詞の原形〉で「ご面倒でなければ〜してもらいたい（をお願いしたい）のですが」という相手に何かやってもらいたい時に使う表現です。

　これから相手に依頼することが、相手にとってちょっと大変そうだな、と思うような場合があると思います。

忙しい人にお願いをしたり、少し時間がかかるような仕事を依頼したい時に使います。例えば、Would it be too much trouble for you to translate this document into French?（ご面倒でなければ、この書類をフランス語に翻訳してもらいたいのですが）のように言います。

　オンラインミーティングはそれほど相手の負担とはなりませんので、今回の場面では大げさな感じになります。

② （Would）setting up a Zoom meeting be alright with you?
　「Zoom ミーティングを設定しても大丈夫でしょうか？」という感じで聞く表現ですね。相手にとって、自分の行為が問題がないということを確認するような提案の形式になっています。**Would～be all right with you?「～した場合は大丈夫でしょうか？」という相手の意向も確認しながらの提案の表現です。**

③ （Would）you like to have a Zoom session?（Zoom セッションを希望しますか）
　〈Would you like to 動詞の原形～?〉は直接的な〈Do you want to～?〉の代わりに用いられる表現です。**相手の意向を尋ねながら、控えめに誘ったり、ものを勧めたりする場面で使われます。**この場面では、勧誘ではな

いので使うのは適切ではありません。

　この相手の意向を確認したり、勧誘の表現である
〈Would you like to 動詞の原形〜?〉はよく使うので、
いくつか確認しておきましょう。

　Would you like to join us?（ご一緒しませんか？）
や Would you like to leave a message?（何かお言付
けがございますでしょうか、伝言を承ります）という表
現があります。

④ Would Zooming work for you?
　この Zooming は「ズームのミーティングをする」と
いう意味の動詞 zoom に ing を付けて名詞化した、新
しい英語表現です。企業名や商品名が動詞や名詞になっ
た例がいくつかあります。例えば、検索エンジンの
Google は動詞になりました。

　"Google it!" は「グーグルで検索しなさい」という意
味で、日本語でも「ググれ」と言いますね。今では
Google に限らず、「ネットで検索する」という意味で
使われています。

　海外では、Uber を使って車を呼ぶことができます。
この Uber という単語も、動詞になりました。Let's
Uber it to the theater. のように使います。意味は「ウ
ーバーを呼んで映画館まで行こう」となります。単にウ
ーバーを呼ぼうという時には、Let's Uber it. と言いま
すが、この時の it が何を指しているかは全く考える必

要はありません。

　話を戻しましょう。ここで用いられている〈**work for〜**〉という表現は「〜に勤務する」という意味以外にも、話し言葉で「（人）に都合がいい」という意味で用いられます。ここでは「ズームのミーティングはどうでしょうか？」となります。

　〈work for 人〉を使うと次のようなことが言えます。

・When would it work for you?（あなたのご都合のよろしい日はいつでしょうか？）

　会話での使用例をみてみましょう。

A：I'm thinking of having a barbeque this Sunday.
　　Does it work for you?

B：Yeah, it works for me.

　（A：今週の日曜日にバーベキューやるんだけど、その日、都合がいい？

B：もちろん、大丈夫だよ）

② setting up a Zoom meeting be all right with you

④ Zooming work for you

第 4 章

社内コミュニケーション 2
〈プライベート〉

この章では、社内での休み時間やランチタイムのシンプルな表現を確認しましょう。

　同僚といえども、話し方や、聞いていいこと、いけないことなど気を付けるポイントがあります。

近いうちにランチに行きましょう

Q 久しく会っていなかった前の職場で一緒だった友人と、道でばったり出会いました。近いうちに一緒にランチをしようと、カジュアルな感じで誘いたいのですが、どのように言えばよいでしょうか。適切なものを次の①〜④から1つ選んでください。

① How about lunch tomorrow?

② Let's go out for lunch together.

③ Why don't we catch up over lunch sometime?

④ I'd like to have lunch with you.

ポイント

❶話し相手は誰か

　元同僚

❷何を伝えたいのか

　ランチに誘う

❸どのように伝えるのか

　押しつけがましくなく、カジュアルな感じで

　久しぶりに会った友人に「明日、ランチに行きましょ

う」と言っても、相手は戸惑ってしまいます。いきなり日程を提示するのは避けた方がよいでしょう。人を誘う時の表現について、確認しましょう。

① How about lunch tomorrow?（明日ランチでもどうですか？）

How about〜? は相手に何かを勧めて「〜はどうですか」という場合と、一緒にすることを提案して「〜を一緒にどうですか」という場合のどちらにも使うことができる表現です。

How about a cup of tea? はお客さんに対して「お茶はいかがでしょうか？」とお茶を勧める表現になります。また、誰かを「お茶でも行かない？」と誘う意味にもなります。ここでは、相手の予定を確認せずに、いきなり tomorrow（明日）と言ってランチに誘っているため、押しつけがましい印象を与えてしまいます。

② Let's go out for lunch together.（一緒にお昼を食べに行こうか？）

Let's〜 という表現は使いやすいため、頻繁に使っている方がいます。ですが、この場面では適切ではありません。例えば、会議がようやく終わって時計を見たら、12時を過ぎていました。そんな時に「それじゃ、お昼を食べに行こう！」というような場面で使います。つまり、**何かに一区切りを付けて、次にやることを提案する**

ような表現なのです。

Let's change the subject. という表現は、今まで議論していた話題を変えたい、一区切りを付けて違う話題にしよう、という場面で使います。

③ Why don't we catch up over lunch sometime?
（今度ランチでもしながら近況を語り合おうよ）

カジュアルな感じで人を誘う時の定番表現として、**Why don't we〜?** があります。

sometime をつけて日程を曖昧にすることで、相手に負担をかけずに誘うことができます。そして、その場で約束するわけではないため、名刺や連絡先を交換し、メールなどでフォローアップして予定を決めるという流れになっていきます。

〈catch up over〜〉は「〜しながら積もる話をする」という意味になります。例えば、Why don't we catch up over coffee? であれば、「コーヒーでも飲みながらいろいろ話しましょう（積もる話でもどう？）」という意味になります。

似たような表現に、Why don't you〜?（〜したらどうですか）があります。「なぜあなたは〜しないのか」という意味からもわかるように、少し強めの表現になります。日本語の「〜したらどうですか」よりも強く、「〜しなさい」というように響く言葉です。

Why don't you〜? は相手に積極的に動いてもらいた

い、相手が申し出に yes と言ってくれる可能性が高い
場合に使うようにしましょう。親しい友人に使うことは
あっても、上司や目上の人に使うのは避けた方がよい表
現です。

④ I'd like to have lunch with you.（ランチを一緒に食
　べたいです）
　I'd like to や **I want to** は「私が〜したい」というこ
とを相手に伝える表現で、自分のやりたいことを相手に
押しつけるような印象を与えます。つまり、相手にとっ
ては心理的に負担が大きい表現になってしまいますの
で、避けた方がよいでしょう。

③ Why don't we catch up over lunch sometime?

Sometime ランチでもどう？

もちろん、
いつでも OK よ

2 体調はどうですか

Q　しばらくインフルエンザで休んでいた同僚に、社員食堂で出会いました。「もう大丈夫？」と聞いてみたいと思います。I heard you were out sick last week. に続く表現として適切なものを、次の①〜④から1つ選んでください。

① Are you all right?

② Are you feeling OK?

③ I'm glad you're feeling better.

④ Is your condition better now?

ポイント

❶話し相手は誰か

　同僚

❷何を伝えたいのか

　回復してよかったということを伝えたい

❸どのように伝えるのか

　相手を気遣う気持ちを込めて

　病気で休んでいた同僚が出社した時には、体調を気遣

う気持ちを伝えます。日本語の「大丈夫」は様々な場面で使うことができますが、英語では場面に応じて表現が異なります。

I heard you were out sick last week の〈**I heard ＋ 主語＋動詞〜**〉は「〜ということを私は聞きました」という意味ですが、もう少しカジュアルに「〜だったそうですね」「〜だったみたいですね」のような意味です。そして were out sick は、〈be out sick〉で「病気で休む」ですから、「先週、病気で休んでいたみたいですね」という意味になります。

① Are you all right?
　「大丈夫ですか？」という意味になるので、この表現も「大丈夫」だと思った人もいるかもしれません。ですが、この表現は、**倒れた人を見かけて駆け寄る場面や、体調が悪そうな人、緊張している人に向かって「大丈夫？」と聞く時**に使います。

　またイギリス英語では単なる挨拶として How are you? の代わりに、Are you all right? や All right? を使います。それに対して、Great, thanks. Are you all right? と答えたりします。

② Are you feeling OK?
　日本語では「大丈夫？」の代わりに、「OKですか？」と言ったりもします。これは、**顔色が優れない様**

子を見て驚いて「気分が優れないの？」という時に聞く表現です。

①の Are you all right? とほとんど同じ文脈で使えます。病気から復帰した人に対して Are you feeling OK? や Are you OK? と聞くと「なんか調子悪そうに見えるけれど大丈夫？」というようなニュアンスになります。

また「明日は会議があります。OK ですか？」という場合に Are you OK? と聞きたくなりますが、それは「明日会議がありますが、今の体調はどうですか？」とおかしな感じになります。この時は Is that OK? や Is that all right? とします。

③ I'm glad you're feeling better.（よくなったみたいで何よりです）

これがベストな表現です。I'm glad という表現がポイントです。

日本語では「あなたがよくなって、私は嬉しく思います」と言うと、少しぎこちない感じがしますが、英語文化圏では、こうした表現が積極的に使われますので、この文を丸ごと覚えて、言えるようにしましょう。

④ Is your condition better now?

これは、condition という語の選択が適切ではありません。辞書で調べると「体調」とありますので、間違いではないようですが、違う場面での使い方になります。

例えば、患者に対して医師が「調子がよくなってきていますか？」と聞くような場面が想定されます。**How's your condition today?** は、診察を始める前に医師が患者に様子を聞く、そんな状況が思い浮かびます。

　「今日は体調が悪くて休みます」という時に、I'm in bad condition today. と言いたくなりますが、I'm sick today. とか I'm feeling bad today. のような表現がよいでしょう。

③ I'm glad you're feeling better.

　問

　体調について、英語で言ってみましょう。
(1) 体調がすぐれません。（weather を使います）
(2) 昨日よりもよくなっています。（I feel から始めます）

　答

(1) I'm feeling under the weather.
(2) I feel a little better than yesterday.

3 どこの大学に通っていたの?

Q 　会議室で、大学を卒業して入社したばかりの社員
と隣合わせになりました。簡単な挨拶も終えて、話のき
っかけとして「どこの大学でしたか?」と聞いてみたい
と思います。どのような聞き方をすればよいでしょう
か?　適切なものを次の①~④から1つ選んでください。

① So, did you go to college around here?

② So, what college did you attend?

③ So, where did you go to university?

④ So, which school did you graduate from?

ポイント

❶話し相手は誰か

　　初対面の新入社員

❷何を伝えたいのか

　　話のきっかけとして学生時代のことを聞く

❸どのように伝えるのか

　　面接ではないので、堅苦しくない感じで聞きたい

　新入社員との距離を縮め、同僚としてうまくやってい

くために、質問攻めにするのでなく、打ち解けた雰囲気を作るようにしたいところです。初対面であることも考え、ある程度の距離感を保ち、直接的、威圧的表現にならないよう心がけます。

① So, did you go to college around here?（ところで、通っていた大学はこの辺なの？）

　ここで使われている**文頭の So** は、「さて」「ところで」**という意味**ですが、**これまでの話題から別の話題に移ることを相手に知らせるためのシグナルになっています。**

　文頭の So は様々な使い方ができます。①前に述べたことについて、結論を示して「だから」「その結果」を表す。②相手の言ったことに納得して「ということは」「つまり」を表す。③相手に確認を求めながら質問する時に、「それで、〜なの？」を表す。④ここで会話を終えるという時に「それでは」を表す。

　この文では、**around here が使われているところがポイント**です。「どこの大学を卒業した？」というような直接的な言い方ではなく、「この辺の大学に通っていたの？」という感じで、具体的な大学名を聞く質問にはなっていないからです。相手との適度な距離を保ちながら会話をする際には、「間接的な」言い方が大切です。

　このような質問をすれば、大学名を言うか言わないかを相手の判断に委ねることができます。Yeah, I went

to college in London.（はい、ロンドンのカレッジに通っていました）や No, I actually graduated from the University of Brighton so I just moved here for this job.（いや、ブライトン大学に通っていて、仕事を機にこちらに越してきました）のような返事が考えられます。

② So, what college did you attend?（ところで、どちらの大学に通われたのですか？）

　　この文には、よくないポイントが2つあります。一つは what college と大学名を直接聞く質問になっている点です。もう一つは動詞の attend です。attend は「（定期的に）～に通う」という意味ですが、かしこまった表現になってしまいます。なるべく打ち解けた雰囲気を出したいと思っている場面では、避けた方がよいでしょう。

③ So, where did you go to university?（ところで、どこの大学に行っていたのですか？）

　　この文は文法的には問題ありませんが、ストレートにどこの大学に行ったかを聞く疑問文ですので、いきなり直球で相手に迫っていく感じがします。ですので、初対面の相手に最初から聞く表現としては避けなければなりません。かなり上から目線で、尋問している印象を与えてしまいます。

④ So, which school did you graduate from?（ところ
で、どこの大学を卒業したのですか？）

which school という疑問文は②と同じく、直接的に
学校名を聞くことになりますので、今回のシチュエーシ
ョンでは避けた方がよい表現です。

さて、①と②の英文で college、③では university、
④では school が使われていて疑問に思われた方もいる
かもしれません。大学は university ではないの？　と
いう疑問が出てくるかと思います。一般に、college は
単科大学で university は総合大学と呼び区別すること
もありますが、**カジュアルな会話では、どんな大学でも
college と言うことができます。**

ですが、これはアメリカの英語の使い方です。例え
ば、カジュアルな表現ですが、オーストラリアでは大学
のことを uni と言ったりします。ここでは school でも
問題ありません。というのも、この文脈の場合は、聞き
手は「小学校」や「中学校」ではなく、「大学」だと判
断してくれるはずだからです。ちなみに「大学や学校に
通う」と言う時の college や school には、a や the と
いった冠詞をつけません。

① So, did you go to college around here?

4 時間がある時は、何をして いますか

Q 最近同じ部署になった同僚と、カフェで雑談をしています。打ち解けた雰囲気を作るために、休日は何をして過ごしているのか聞いてみます。どのような表現がよいでしょうか？　適切なものを次の①〜④から2つ選んでください。

① What is your hobby?

② Do you have any hobbies?

③ What do you like to do in your spare time?

④ What do you do in your free time?

ポイント

❶話し相手は誰か

　最近同じ部署になった同僚

❷何を伝えたいのか

　雑談（スモールトーク）で休日の過ごし方を聞きたい

❸どのように伝えるのか

　詮索しているとは思われないようにする

本題に入る前の簡単なやりとりのことを、スモールト

ークと言います。ひとつ前でみた、大学に関する質問も
スモールトークの一種です。スモールトークは相手の警
戒心を解いたり、緊張をほぐしたりする潤滑油の役割を
果たします。相手との信頼関係を構築するためにはスモ
ールトークは重要なのです。

① What is your hobby?（あなたの趣味は何ですか）
　英語の hobby は、日本語の「趣味」とは意味が違う
ことに注意しましょう。ある程度の技術や知識があり、
試合に出るレベルのスポーツ、植物の知識があってのガ
ーデニング、切手を蒐集（しゅう）する、絵画を描くといったこと
が hobby です。ですから、ちょっとしたスポーツはレ
クリエーションの一つだと考え、hobby には入らない
と考える人たちもいます。
　つまり、自由時間や休日などの余暇にどんなことをす
るのか、一般的に尋ねる時に hobby はあまり使いませ
ん。ですから、My hobby is shopping.（買い物が趣味
です）という表現は、奇妙に聞こえるのです。

② Do you have any hobbies?（何か趣味はあります
　か？）
　What is your hobby?（あなたの趣味は何ですか）は
相手が何らかの趣味を持っていることが前提でたずねる
文ですので、あまり使うことはありません。ですが、
Do you have any hobbies?　とすれば、「もしかしたら

何らかの趣味があるかもしれない」という前提で聞いていますので、使うことはできます。ですが、**スモールトークの段階で専門的な知識を要する趣味について聞くのは、避けた方がよいでしょう。**

③ What do you like to do in your spare time?
（時間がある時はどんなことをしていますか？）

　What do you like to do in your free time? とも言います。「何をすることが好きですか？」という疑問文で、一般的に余暇に何をしているのかを聞く典型的な表現です。答え方として、I love to read books. や I love reading books. などがあります。好きなことを表すものとして、いくつか使えるフレーズや単語を、ピックアップしてみます。I love to のうしろに、次のような表現を使って表すことができます。

▶play the piano（ピアノを弾く）
　〈play+the 楽器〉という表現で使います。

▶listen to music（音楽鑑賞）
　K-pop が好きなら listen to K-pop となります。

▶watch movies（映画鑑賞）
　movies と複数形で使います。

▶play games（ゲームをする）
　games と複数形で使います。

▶read books（読書）
　books と複数形で使います。

▶travel（旅行）

▶visit hot springs（温泉巡り）

④ What do you do in your free time?

（時間がある時には何をしていますか？）

　What do you do? だけであれば「**仕事は何ですか？**」
という意味になります。これは動詞の現在形が「普段や
っていること」（習慣）を表すため、「普段は何をやって
いますか？」という意味から、「どんな仕事をしていま
すか？」と解釈するからです。

　そこに、**in your free time**（時間がある時に）とい
う表現が付け足された場合を考えてみましょう。文字通
りの意味は「時間がある時に習慣として行っていること
は、何ですか？」ですが、そこから「**時間がある時に何
をしていますか？**」と、余暇の過ごし方をたずねる意味
になります。この表現が、比較的よく使われますので、
そのまま覚えてしまいましょう。

③ What do you like to do in your spare time?

④ What do you do in your free time?

5 タイ料理は、あまり得意じゃないです

Q あなたはこれから同僚とランチに行くことになり、どのレストランに行こうか話しています。同僚はタイ料理店に行こうと言いますが、あなたはタイ料理があまり好きではありません。何と言うべきでしょうか？
最もやんわりと「嫌い」と伝えることができる表現を、次の①〜④から1つ選んでください。

① I'm not into Thai, I'm afraid.
② I don't really care for Thai food.
③ I can't stand Thai food.
④ I'm not good at Thai food.

ポイント

❶話し相手は誰か
　同僚
❷何を伝えたいのか
　タイ料理が好きではない
❸どのように伝えるのか
　せっかくの提案を無下にしたくない

① I'm not into Thai, I'm afraid.（タイ料理はムリ。ご
　めん）

　〈be into〜〉は「すごく〜が好き」「とても〜にはま
っている」という意味になる表現です。〈I'm into〜〉
は「〜の中に私が入っている」という表現ですから、
「どっぷりつかっている」というイメージが思い浮かび
ます。

▶I'm into Harry Potter movies.（ハリー・ポッターの
　映画にはまっているんだよ）

▶I'm really into K-pop.（K-pop にすごく夢中になっ
　ているんだ）

　他にも、I'm totally into her.（彼女に夢中なの）の
ように、「人」に夢中であると伝えることもできます。

　この否定の形〈I'm not into〜〉は「ちっとも興味が
ない」と伝える表現です。I'm not into you. は「あな
たにはちっとも興味がありません」という意味ですの
で、ちょっとキツいですね。タイ料理は苦手ですので
I'm not into Thai. なのですが、この場合は相手に嫌い
だということがストレートに伝わってしまいます。**誘わ
れた時にこのような表現をすると「興味がない」、「拒
絶」の気持ちを相手に伝えてしまいます。**

② I don't really care for Thai food.（タイ料理はそん
　なに得意じゃないんです）

　〈I care for〜〉という表現は、「〜が気になる・〜を

気にかける」という意味です。例えば、I care for you.「あなたのことが気になります」という感じで、好きになる一歩手前の時や、I love you のちょっと遠回しの表現で使う人もいます。

　この否定の形〈**I don't care for〜**〉は「**私は〜を気にしません**」、「**〜を好きではありません**」という意味で使われます。つまり、**I don't like [love] の遠回しのような使われ方**をします。really を入れて〈I don't really care for〜〉とすれば not really（そんなに〜ではない）というように表現をやわらげることができます。

　ですので、「タイ料理は、そんなに好きじゃないんだよね」という感じで遠回しに伝えることができます。そして、I'm not big on Thai food. のように〈I'm not big on〜〉でも、同じ意味を表すことができます。

③ I can't stand Thai food.（タイ料理は耐えられません）

　I can't stand〜の stand は「立つ」という意味ではなく、〈**can't stand〜**〉で「**〜に我慢できない、辛抱できない、〜に耐えられない**」という意味になります。「この凍てつくような寒さ我慢できない、もういやだ！」という場合は、I can't stand this freezing weather. と言います。他にも I can't stand working with him anymore. のように動詞の ing 形を使って「これ以上、彼と働くの

146

は耐えられません」というような表現としても使います。これはとにかく「我慢できない」という表現ですので、この場面で使うのはふさわしくないですね。

④ I'm not good at Thai food.（タイ料理が上手にできません）

　日本語で「タイ料理が得意ではありません」と言えば、タイ料理が苦手（で食べることができない）という意味だとわかります。ですが、〈**be good at〜**〉は「**〜が上手にできる**」という意味なので、ここでは「タイ料理が上手にできません（作れません）」のような意味になってしまい、適切ではありません。

A

② I don't really care for Thai food.

6 家族について教えてください

Q 会議の始まる前に、先日、中途入社で入ってきた同僚とスモールトークをします。あなたは、自分の娘が高校に進学する話をしました。そこで、同僚の家族について聞いてみたいと思います。どのような質問をすればよいでしょうか。以下の①〜④から選んでください。

① Are you married?

② Do you have any kids?

③ How many people are there in your family?

④ Can you tell me about your family?

ポイント

❶話し相手は誰か

　中途で入社したばかりの同僚

❷何を伝えたいのか

　家族構成を聞く

❸どのように伝えるのか

　スモールトークとして気軽に聞いてみる

相手が自分の家族について話したいと言ってこない限

り、こちらから聞くのは避けた方がいいと思います。日本人同士でも、「結婚してるの?」とか「お子さんはいますか?」「ご両親はご健在ですか?」というような個人的な事柄や家族などについて話をするのは、かつてはよくあったかもしれませんが、今日では好ましいものではありません。

　悪気のない質問であっても、聞かれた側が嫌な思いをしてしまう可能性があるのが、家族やプライベートに関わることです。一般的に、文化が異なる人との会話や、ビジネス会話でこのような話題を持ち出すのは避けるようにしましょう。

　もし、あなた自身が家族のことを話しても大丈夫だと思うのなら、ぜひそうしてください。しかし、**同僚の家庭生活**について聞くのはやめましょう。非常にタブーな話題である可能性があります。くり返しますが、相手が話しをしてくれたら、質問をしてもいいかもしれません。

① Are you married?（結婚しているのですか?）
　同僚や部下に対して結婚しているかどうか聞くことは、おそらく日本の社会でも許容されないと思います。本人からそうした話題を持ち出した場合にはよいのですが、婚姻関係については質問しないようにしましょう。

② Do you have any kids?（お子さんはいますか?）

何気なく聞いたりしますが、こうした家庭生活に関することは聞かないようにしましょう。ただし、デスクに写真が飾ってあり、明らかにそれが同僚の家族だとわかれば、It's a really beautiful photo.（素敵な写真ですね）と写真をほめることは自然です。そうすれば、相手から家族の話を始めるかもしれません。

③ How many people are there in your family?（ご家族は何人いらっしゃいますか？）
　家族構成について聞くのもよくありません。

④ Can you tell me about your family?（ご家族のことについて教えてください）
　こちらも③と同様に家族構成のことですので、聞くことは避けなければなりません。

A
なし

　スモールトークとして使える話題は、天気のこと、最近起きたこと、仕事で感じることなどです。以下に代表的な例文を挙げてみます。

★天気のこと

［いい天気ですね］

▶It's a beautiful day, isn't it?

▶Beautiful day, isn't it?

（主語と動詞の it is を省略することも可能です）

▶The weather is lovely, isn't it?

［雨が降りそうですね］

▶It looks like it's going to rain.

★最近起きたことやスポーツ・芸能の話題（政治的な話題は避けます）

▶I heard that a new Italian restaurant is opening next week just around the corner.

（その角に、来週新しいイタリアン・レストランがオープンするんですってね）

▶How about those Newcastle Jets? Do you think they're going to win tonight?

（ニューカッスル・ジェッツはどうかな？　今日の試合に勝つと思う？）

★仕事中に感じる当たり障りのない話題

▶Looking forward to the weekend?

（週末が待ち遠しいですね）

▶Today is a very busy day, isn't it?

（今日は忙しいですね）

7 この映画、本当におすすめです

Q 上司とランチを食べている時、ある映画が話題に出ました。あなたは、その映画をちょうど先週見たばかりで、とてもよかったので上司にすすめたいと思います。空欄に入る最も適切な表現を、次の①〜④から1つ選んでください。

I saw it last weekend. [   ].

① I'd definitely recommend it
② You should see it
③ You must go to it
④ I think you will like it too

ポイント

❶話し相手は誰か
　上司
❷何を伝えたいのか
　映画をすすめる
❸どのように伝えるのか
　距離を保って、なれなれしくならないように

152

上司に何かをすすめる場合、あまり強い表現は適切ではないので、距離を保って伝えるにはどうすればよいでしょうか。

① I'd definitely recommend it（これは本当におすすめします）

　「これは本当にいいから、おすすめだよ！」という時の決まり文句のようなものです。この表現は英語母語話者はよく使います。I'd definitely recommend it. の I'd は I would の省略形ですが、**would を使うことで控えめにおすすめしている感じが伝わります。**もちろん、would を省いて I definitely recommend it. と言っても大丈夫ですが、感情がダイレクトに相手に伝わりますので、誰にでも用いることはできない表現です。

② You should see it（それを見るべきだよ！）

　これも使えそうな表現ですが、少し注意しなければならない点があります。助動詞の should は「〜すべきだ」という意味があり、must よりもやわらかい表現と考えられています。ですが「当然〜したほうがいい」という意味が根底にあるため、**おすすめするというよりも「意見」として伝える時に用いた方がよいです。**

　「この映画を見るのは当然だよ！」のように、強い感じが相手に伝わります。ものすごくおすすめで、なんとしても見るべきだということを言いたい時には使うこと

ができます。少し押しつけがましくなってしまうので、親しい人などが話し相手の時に使ったほうがよいです。

映画を「見る」時は see、watch のどちらも使うことができます。Did you see〔watch〕the latest Studio Ghibli film?（スタジオジブリの最新作を見ましたか？）

③ You must go to it（それを見に行かなければなりません）

日本語でも「買わないと損をする」という意味で「マストバイ」という表現が使われるようになっていますので、must を使ってもよさそうな気もします。「〜しなければならない」という時に使う表現は should が一番弱く、must が一番強い意味になります。人によっては微妙に変わることがありますが、一般的には次のような順番で強さが変わってきます。

should ＜ ought to ＜ had better ＜ have to ＜ must

ですのでここで must を使うと、押しつけがましい感じが出て相手が負担になりますので、避けましょう。

④ I think you will like it too（あなたもそれが気に入るはずです）

you will like it を「気に入ると思うよ」という意味で使うことがありますが、なんとなく押しつけがましく聞こえると判断する母語話者もいます。そんな時は I think you might like〔enjoy〕it. のように、助動詞の will ではなく may の過去形である might を使って、やんわりと言うのがよいかもしれません。もしくは、I think ではなく I hope にして、「気に入ってくれるといいなあと思う」という感じで言うのもよいでしょう。

You might like it. は、お土産を渡す時にも使える表現です。お土産を渡す時に、日本語では「つまらないものですが」と言って渡すことがあります。しかし英語では、I hope〔thought〕you might like it. と言ってお土産を渡します。へりくだって渡す必要はありません。

A

① I'd definitely recommend it.

黒幕は父親なの。でも生き別れた妹が助けに来てくれて、最後はハッピーエンドよ！
I'd definitely recommend it!

好きなタイプの映画だけどたぶん楽しめないわね

8 （旅行は）すごくよかった！

Q ゴールデンウィークは旅行に行き、リフレッシュすることができました。連休明け早々、会議が始まる前に同僚から旅行のことについて聞かれました。どのような答え方がいいでしょうか。次の①～④から、適切なものを1つ選んでください。

同僚の So, how was your trip?（旅行どうだった？）という問いかけに対して、

① Great. I enjoyed myself.

② Awesome. I tried skydiving for the first time.

③ Good. I want to go back again.

④ Fine, thanks. I miss it there already.

ポイント

❶話し相手は誰か
　同僚

❷何を伝えたいのか
　楽しかったこと

❸どのように伝えるのか
　話が膨らむように

会議が始まる前のちょっとした雑談、いわゆるスモールトークの場面です。スモールトークは質問に対する「返し」が重要です。会話をキャッチボールに喩えることがありますが、受け取ったボールはきちんと相手に返しましょう。上手い返事をすることで、そこから話が展開し、和気藹々のムードができます。

① Great. I enjoyed myself.（すごくよかった！　楽しんできました）

　日本語では「休暇、どうでしたか？」と聞かれたら「楽しかったです」と答えて終わることはよくあります。この「楽しかったです」に当たるのが Great. I enjoyed myself. ですが、あまりよい返答ではありません。当たり障りのない返事に聞こえてしまい、そして、答えを聞いた側としては**具体的に何がどう楽しかったのかわからないので、次の質問のしようがありません。**

② Awesome. I tried skydiving for the first time.
　（すごくよかった！スカイダイビング、初体験でした）

　これは、I tried skydiving for the first time と休暇中に何をやったのかを端的に伝えています。これを聞いた同僚は、さらにスカイダイビングについて質問をしてくれるでしょう。

　こうした質問の答え方は〈感想を短い言葉で表す〉＋

〈自分が何をしたかを説明する〉というパターンが一般
的です。

③ Good. I want to go back again.（よかった！　もう
　　一度行きたいです）
　「もう一度行きたい」と言われても「どこに行くのだ
ろうか？」「何をしてきたのだろうか？」という疑問が
生じてしまい、この後の会話が上手くいきません。相手
が話しやすいような返事をしましょう。

④ Fine, thanks. I miss it there already.（ありがとう、
　　もうすでにそこが恋しいよ）
　「そこが恋しい」と言われても「どこでしょうか？」
という疑問が残りますので、親切な答え方ではありませ
ん。同僚から旅行のことを聞かれたら、仕事の会話には
出てこないような話ができるチャンスです。**実は同僚も
自分自身の休暇について聞いてもらいたいという場合
が、かなりあります。**
　まずは相手（あなた）に聞いてから、それから自分の
話をしようと思っているかもしれません。そんな時は
How about you?（あなたはどうでしたか）と一言付け
加えるだけで、相手も自分自身の休暇について話せます。

② Awesome. I tried skydiving for the first time.

　プレゼンの最後のスライドはどのような表現がよい
か、次のA～Dのスライドから適切なものを選んでくだ
さい。

A

Thank you for your
kind attention.

B

Thank you for
listening.

C

Thank you!

D

Any questions?

　多くの人はAやBを選ぶと思いますが、**一般的なプレ
ゼンではCやDが好まれる傾向にあります**。

　また、最後にThat's all. や I'm finished with my
presentation. などと言う人がいるかもしれませんが、
英語ではとても唐突に聞こえます。次のいずれかのフレ
ーズを言えば、終わったことがわかります。

▶This concludes my presentation. If there are any
　questions, I'd be happy to answer them.

　（これで私のプレゼンテーションを終わります。質問
　　があれば喜んでお答えいたします）

▶I'll open the floor now to any questions.

　（質問を受け付けます）

9 今日の服、いいね!

Q オフィスのエレベーターの中で同僚に会いました。あなたは、彼の服装についてほめようと思います。どのような言葉をかければいいのでしょうか?適切なものを次の①~④から2つ選んでください。

① I love your outfit.
② Great outfit.
③ You look beautiful today.
④ You're looking good today.

ポイント

❶相手は誰か
　同僚
❷何を伝えたいのか
　着ている服をほめる
❸どのように伝えるのか
　挨拶のようにさりげない感じで

　エレベーターの中で同僚と出会った時に、日本では挨拶をするぐらいだと思います。ですが、英語圏ではちょ

っとした会話を交わすことがあります。何度も出てきましたが、「スモールトーク」です。

　天候や最近の出来事についてなど、何気ないやりとりをします。そんな時、「服や持ち物をほめる」表現はよく使いますので、さりげなく言えるようにしたいところです。

① I love your outfit.

　動詞の love という表現は「～を愛している」という意味の他に、もっとカジュアルに使うことができます。それは、「～を気に入る」という意味で I love it here.（この場所での生活が気に入っています）という使い方です。

　そして、love には「相手の洋服や持ち物をほめる」という使い方があります。

▶I love your jacket.（そのジャケットかわいいね）

▶I love your watch.（その腕時計いいですね）

　男性が使う場合は、love よりも like を使う傾向にあると言われます。

▶I like your hat.（その帽子、いいね！）

　という感じです。

　さらに、I really love [like] your outfit. のように really をつけてもよいでしょう。

② Great outfit.

とてもシンプルな表現です。「今日の服装いいね！」という時には、これぐらいシンプルで短い表現が好まれます。他にも Nice outfit. と言うこともできます。Outfit には、「上下一揃いの服」という辞書的な意味がありますが、今回のように「服装」という意味で使うことができます。「今日の服、すごくいいね！」という感じです。Your outfit is great. と言ってもよいでしょう。また、That's a nice tie you're wearing.（今日のネクタイ、すてきですね）のような表現もあります。

③ You look beautiful today.

　look beautiful は「きれいですね」という意味ですが、このような場面では、決して異性に対して言ってはいけません。また、容姿が美しいという意味としても解釈することができますので、ハラスメントになってしまいます。職場では避けなければなりません。

　相手が身につけている特定のアイテムについてほめるにとどめるのが、ベストだと思います。女性同士なら、ヘアスタイルについて beautiful と言うのは問題ないでしょう。

④ You're looking good today.

　look good は「顔色がよいように見える」「元気がよいように見える」「調子がよいように見える」という意味で使いますので、ここではあまり適切ではありません。

「着ているものがよい」という場合には、次のような表現にします。

▶It looks good on you.（お似合いですね）
▶You look good in red.（赤がお似合いですね）

① I love your outfit.
② Great outfit.

★ほめられたらどう答えますか？

　みなさんは「今日の服装お似合いですね」とか「素敵な時計ですね」や「英語が上手ですね」などとほめられたら、どのように答えますか？

　嫌な人、自信過剰な人だと思われないように、「いえいえ、そんなことないですよ」とか「安物ですよ」、「まだまだ英語は上手に話せません」などと謙遜するかもしれませんね。日本で長年育った人同士では謙遜した方が角が立ちませんので、この返答で問題ありません。

　しかし、こうした謙遜の文化とは全く異なる文化もあります。それぞれの文化圏で「好まれる言い回し」についても知っておくと、円滑なやりとりができるようになります。

　英語圏では、次のような答え方がいいでしょう。
まずは、ほめてくれたことに対してお礼を言います。

Thanks so much.

次に、どこで手に入れたのかなどを説明します。

I got it online.（オンラインで買ったの）

I got it for my last birthday.（この前の誕生日にもらったの）

高価な物で、ボーナスで買ったのだったら、

I got it with my last bonus.（ボーナスで手に入れました）のような感じで答えます。

相手も細かな説明を望んでいるわけではありませんので、シンプルな答えで十分です。

第 5 章

Twitter、Instagram、LINEなど SNSの英語

この章では、今では多くの人が使っているSNSでの英語表現を確認します。相手は、不特定多数の場合もありますから、気を付けて発信しましょう。

1 おいしかった！

Q 出張で訪れた街のカフェで、とても素敵なバナナクリームパイが出てきました。その写真を撮ってInstagramのストーリーに載せようと思います。キャプションとして、適切なものを次の①〜④から2つ選びましょう。

① This was very delicious!
② Yes, please!
③ How delicious!
④ Yum!

ポイント

❶相手は誰か
　SNSでつながっている人に向けて
❷何を伝えたいのか
　おいしかった
❸どのように伝えるのか
　短く、シンプルに。そしてカジュアルに

　ここでは、SNSの投稿に用いるシンプルな表現につ

いて見ていきます。これまでのコミュニケーションの方法とは異なり、友達や仲間に向けたカジュアルな表現になります。

① This was very delicious!（これはとてもおいしかったです）の delicious は確かに「美味しい」という意味を持つ語ですが、使い方に気をつけたいところです。英英辞典で delicious を調べると、次のように書いてあります。

having a very pleasant taste or smell
（とても素晴らしい味や香り）

つまり delicious そのものに「とても」という強める表現が含まれていますので、「とてもおいしい」という意味で very delicious を使うことは避けたほうがよいでしょう。

また、**delicious は「美味しくて感動する」ということを伝える、やや形式張った表現です。なので、カジュアルな場面で使うのは避けたほうがよいでしょう。「おいしい」という時は、good や nice という表現の方が好まれます。他にも a mouth-watering cake（よだれの出そうなケーキ）という口語表現もあります。**

② Yes, please! は直訳すると「はい、お願いします！」ですが、ここでは違った意味を持っています。**レストランで食事が運ばれてきた時に、「おいしそう、食**

べたい」という瞬間があります。それがこの Yes, please という瞬間なのです。「今すぐこれを食べたい」という感じが伝わります。おいしそうな料理の写真と一緒に、キャプションをつけて SNS にアップする時に使えます。

③ How delicious! は文法的には全く問題はありません。しかし、前述したように delicious はやや形式張った表現で、「おいしくて感動する」という意味ですので、カジュアルな場面では避けた方がよいでしょう。フォーマルな場面や本当に食べた料理が感動的で、素晴らしいものだったと丁寧に言う時は It's really delicious. とすることも可能です。

④ Yum! の yum や yummy は、「おいしい」という意味で子供が使う言葉とされていました。やがて、くだけた表現で、大人も使うようになりました。「まいうー」とか「おいしー」のような感じです。目の前に出された料理に対して、It looks yummy.（おいしそ〜う）と言うこともできます。反対の「うぁー、まずい」という表現には、yuck があります。

A

② Yes, please!
④ Yum!

　初めて会った人と別れる時に、一言「お話しできてよかったです」と付け加えたいのですが、どのような表現がよいでしょうか？

　パーティなどの場合は、fun（楽しい）を使います。

▶It was fun talking with you.

　（お話しできて楽しかったです）

　It は後ろの動名詞部分（talking with you）の代わりに主語として置かれる「形式主語」と言います。

　パーティでもビジネスでも使える表現として、goodや nice を使ったものがあります。

▶It was good ［nice］talking with you.

　（お話しできてよかったです）

　ビジネスの場合は、次のような表現がよいでしょう。

▶It was a pleasure doing business with you.

　（あなたと一緒に仕事ができてよかったです）

　これらの表現はもちろん英語らしいのですが、さらに**英語らしくするには、「最後に相手の名前を言う」こと**です。

▶It was a pleasure doing business with you, Mr. Young.

　名前は互いにファーストネームで呼ぶような関係なら、それでもかまいません。

2 絶景に感動しました！

Q あなたは夏休みにハワイを訪れ、ダイヤモンドヘッドの頂上までハイキングしました。そこからの眺めは絶景でした。そこで、山頂で撮った写真にキャプションを添えて Instagram に投稿したいと思います。どのような文がよいでしょうか？　適切なものを次の①〜④から2つ選んでください。

① I was moved by this view of Diamond Head!
② Iconic view from Diamond Head!
③ Moving view from Diamond Head.
④ When in Hawaii...

ポイント

❶相手は誰か
　SNS でつながっている人に向けて
❷何を伝えたいのか
　絶景に感動したこと
❸どのように伝えるのか
　シンプルでカジュアルな感じで

①の I was moved by this view of Diamond Head!（ダイヤモンドヘッドのこの光景に感動しました）は、文法的には正しい文ですが、どことなく小・中学生の日記風のイメージがします。

受動態の〈主語＋be動詞＋過去分詞＋by〜〉という表現がまどろっこしいため、ストレートに感動したということを、読み手は感じ取ることができません。動詞の move は「〜を感動させる」という意味ですので、**感動した場合は I was moved だけでいいのです**。

SNS で投稿する場合には、ダイレクトに感動を伝えることができる I was so moved! とか、I was totally moved! ぐらいで十分です。

②の Iconic view from Diamond Head!（見事なダイヤモンドヘッドからの景色！）ですが、この **iconic** は**「象徴となるようなすばらしいもの」**という時に使います。「ダイヤモンドヘッドからの景色はハワイを象徴するようなすばらしいものだ」ということを表わしています。

例えば、「日本と言えば富士山」が定番だとすると、Mt. Fuji is the most iconic view of Japan.（富士山が日本の山を象徴する〈代表する〉山です）というような言い方ができます。

③の Moving view from Diamond Head. は、「ダイ

ヤモンドヘッドからの景色に感動」と表そうとした文ですが、文法的に間違えています。この moving を使うのは音楽を聞いて感動したり、映画を見て涙を流したりするような時です。

　この moving は、That documentary was so moving —it had me in tears!（あのドキュメンタリーは感動的でした。涙が流れ出ました）のような使い方をします。

　④の When in Hawaii...（ハワイでは…）は、「ダイヤモンドヘッドからの眺めは必見です。ハワイに行けば誰でも一度はダイヤモンドヘッドに登って、そこから見下ろす景色の素晴らしさに息をのみます」、つまり「ハワイを訪れた観光客は誰もが行くように、自分も行った」ということを、When in Rome, do as the Romans do!（郷に入っては郷に従え！）ということわざをもじって表現しているのです。

　現地の人がやるようなことを自分がやったり、ほとんどの観光客が訪れるような定番の観光地に行ったりした場合に使うと、かっこいいです。

#

② Iconic view from Diamond Head!

④ When in Hawaii...

レストランでの会計で、よく使う表現です。

★「全額、私が払います」と言う時

"Let me get this."

"It's my treat."

"I'll get this."

★クライアントが支払いをしたいと申し出た時

"Thank you, but at least let me get the tip then."

（ありがとうございます。でも、せめてチップは私に払わせてください）

"Oh really? Thank you, so let me cover the tip in that case."（そうですか？　ありがとうございます、そしたらチップは私に払わせてください）

せめてチップの支払いを提案しましょう。

★同僚と会計を分けようと思っている時

"Shall we split the bill?"

"How about going halves on the bill?"

（お会計を半分にしませんか？）

同僚が会計をまとめてしてくれる場合、自分の払う額を "How much do I owe?" と聞きましょう。ここで黙っていると、お金を払いたくないと思われるかもしれないので、必ず言いましょう。

3 おもしろい本を読みました

Q ある有名な経営者の伝記を読み終えました。とても感動的な内容でしたので、Twitter にその本の表紙の写真とシンプルなメッセージを投稿しようと思います。この時、どのような表現がよいか、適切なものを次の①〜④から2つ選んでください。

① Great read!

② Highly recommended reading!

③ I finally finished reading this.

④ It was good to read this book.

ポイント

❶相手は誰か

　　SNS の友人やつながりのある人たち（全く知らない人も）

❷何を伝えたいのか

　　感動する本であった

❸どのように伝えるのか

　　自分も読みたいと思ってもらえるように

読んで面白かったり、感動したりした本について Twitter などに投稿することがあります。こうした投稿はリツイートされ、自分とは全く関係のない人にも読まれます。短い文で「よかった！」と表現してみましょう。

① Great read!（読み応えがあります！）

　この read は「〜を読む」という動詞ではなく、good や great という形容詞を伴って**名詞として「読み物」という意味**です。英語圏のペーパーバックの裏表紙には、推薦文や書評から抜粋された文章が書かれていることがあります。日本の本の「帯」に相当するものです。

　この推薦文でよく使われる表現に **"a great read"（読み応えがあります・素晴らしい内容です）** というものがあります。以下の例で確認しましょう。

Some beautiful writing about a difficult period in time makes for a great read.（難しい時代について美しい文章で書かれていて、読み応えがある）

This was a great read! は「読み応えのある本だった」という感想を伝えられますし、This is a great read! とすれば「読み応えがある本です！」とおすすめする言い方になります。ここでは主語と動詞を省略して、シンプルな表現にするといいでしょう。

② Highly recommended reading!（すごくお勧めの一

冊です）

I highly recommend this book. または This book is highly recommended. と同じ意味です。この reading は「読み物、本」という意味ですので、book に置き換えられます。ここで recommended reading となっていることを確認しておきましょう。

「本」がみずから「この本はおすすめです」とは言いません。誰かによって「おすすめされる」ものです。このように「〜されるもの」という受け身の関係、つまり、「本がおすすめされている」ということを表すために〈動詞の過去分詞形＋名詞〉という形を使います。

〈動詞の過去分詞形＋名詞〉が「〜されている（された）名詞」という意味を表しますので、that broken window は「あの割られた窓」→「あの割れた窓」という意味だとわかります。ちなみに that sleeping baby（あの寝ている赤ちゃん）のように〈動詞の現在分詞形＋名詞〉を使った場合は「〜している名詞」という意味になります。

③ I finally finished reading this.
（やっとこの本を読み終えました）

文法的には全く問題はありません。しかし、自分がこの本を読んだと伝えているだけで本の良し悪しについてふれていません。そうすると、この投稿を見た人は「もしかしたら面白くなかったのかな？」と思うでしょう。

I've really enjoyed reading this! としてもよいです
が、味気ない表現です。「楽しかった」ことは伝わりま
すが、相手に「読んでもらいたい」という気持ちは、こ
れだけでは伝わりません。

④ It was good to read this book.
（この本を読んでよかったです）
　この言い方も「よかった」というだけで、相手に「読
んでもらいたい」という気持ちは伝わりません。これで
も問題はないのですが、相手の心に届くようなメッセー
ジにした方がよいでしょう。ちなみに It was good to
read this book. の後に **Must-read!**（**必読書です！**）と
付け加えるだけで、読んでみようと思わせることができ
ます。

① Great read!
② Highly recommended reading!

4 こんな夢を見ました

Q 昨夜、リンゴだらけの不思議な夢を見たので、それが何を意味するのか、Twitter で聞いてみることにしました。特に深刻なこととは思っていませんから、カジュアルな感じで聞くには、どのような表現がよいでしょうか？ 次の①〜④から2つ選んでください。

① Had a dream about apples. wdyt?

② Dreamt about apples last night. Any ideas?

③ What does it mean when you dream about apples?

④ I saw a dream of apples last night. What does that mean?

ポイント

❶相手は誰か

SNS の友人やつながりのある人たち（全く知らない人も）

❷何を伝えたいのか

変な夢を見たが、なんだかわからない

❸どのように伝えるのか

アドバイスをもらえるように、カジュアルな感じで

　ここでは「自分の見た夢」についてどのように英語で言うのか、そして、カジュアルな雰囲気で助言を求める表現について確認しましょう。

① Had a dream about apples. wdyt?
　（リンゴの夢を見たのですが、これってどう思います？）
　SNS への投稿ですので、主語が I になる時は省略してもかまいません。自分の見た夢について言う場合、一番簡単な表現として〈have a dream about〜〉や〈dream about〜〉というのがあります。
　夢を見たことを表す次のような表現はよく使います。
・had a bad dream（悪い夢を見た）
・had a strange dream（変な夢を見た）
・had a nightmare（悪夢を見た）
・had a vivid dream（鮮明な夢を見た）

　wdyt はネットで使う表現（ネットスラング）で What do you think?（どう思いますか）を省略したものです。
　ネットスラングには、次のようなものがあります。
b/c　　because（なぜなら）
cuz　　because（なぜなら）

idk   I don't know.（わからない）

lol   laugh out loud（大爆笑）

rofl   rolling on the floor laughing（大爆笑）

lmao   laughing my ass off（大爆笑）

imho   in my humble opinion（私は〜と思います）
       控え目に自分の意見を言う時

② Dreamt about apples last night. Any ideas?

（リンゴの夢を昨晩見ました。何かいい考えはありますか？）

Dreamt（Dreamed）about apples は Had a dream about apples と同じ表現です。動詞の dream の過去形には、dreamed もしくは dreamt（ドレムト /drémt/ と発音します）の2種類がありますが、どちらを使っても間違いではありません。

ちなみに、過去形と過去分詞形について、アメリカ英語では dreamed と dreamt のどちらも使われますが、イギリス英語では dreamt が比較的よく使われます。

Any ideas? は Do you have any ideas? の Do you have を省略した表現で、**「何かいい考えはありますか？」という意味**になります。こう聞くことで、さりげなくフォロワーからの反応を促すことができます。

③ What does it mean when you dream about apples?

（リンゴの夢を見たらどんな意味があるのか、教えてほしい）

文法的には全く問題ありません。相手の言った単語や意味がわからないので説明してもらいたい時に、**What does〜mean?（〜はどういう意味ですか？）** と聞きます。しかし、この状況では唐突すぎます。なぜ教えてもらいたいのかについて、説明を加える必要があります。

④ I saw a dream of apples last night. What does that mean?

「昨晩リンゴの夢を見た。どんな意味なのでしょうか」ということを表すために I saw a dream of apples としています。動詞 see は「夢を見る」という時にも使えそうな気がしますが、英語では see a dream という表現はありません。**see は、具体的な人や物を「目で」見る** ということを表す動詞で、目で見ることができない夢は、see a dream とは言えません。

A

① Had a dream about apples. wdyt?

② Dreamt about apples last night. Any ideas?

5 いいね！　のいろいろ

Q　友人が、休暇中に見た美しい夕焼けの写真を Instagram に投稿しました。あなたはそれに「いいね！」を押して、コメントしたいと思います。どのようなコメントがよいでしょうか。適切なものを、次の①〜④から2つ選んでください。

① Nice view! I envy you.
② Absolutely stunning! Enjoy!
③ Wow! Please enjoy yourself.
④ Such a great shot! Have a great time!

ポイント
❶相手は誰か
　友人
❷何を伝えたいのか
　休暇を楽しんでもらいたいと思っている
❸どのように伝えるのか
　共感したことを、さりげなく

　Instagram や Twitter で流れてくる写真を見て、共

感したり、美しさに感動したりしたことを短い言葉で伝えたい時があります。特徴的な表現を知っておくと、短い文でも相手に気持ちを伝えることができます。

① Nice view! I envy you.（いい感じの風景！ うらやましい）

nice は人や物をほめるときに使いますが、**nice を単独で使う場合は、「まあまあ」といったニュアンスがある**ため、「とても」を表す really, very, so を付けることがあります。nice view は「いい感じの風景」という淡泊な感じが伝わってしまいます。ですので、nice の代わりに great view のような表現にすると強い感動の気持ちが伝わります。great は「最高の」という意味を持ち wonderful や fantastic といった表現と同じぐらいの熱量が含まれています。

I envy you. は「うらやましい」という意味と考えられますが、相手のものが欲しかったり、時には嫉妬したりというネガティブな感情を含みます。

こういう時は、Awesome! や Great! そして Cool! という一言で表わすことができます。ストレートに、I wish I were there too.（私も、そこにいられたら、いいのに）と言ってもよいでしょう。

② Absolutely stunning! Enjoy!（本当にすごすぎます。楽しんできて！）

stunning という単語は、きれいなものを見た時の感動の気持ちを表すのに最適な単語です。「息を飲むほど美しい」「とても魅力的な」という意味があります。stunning views や stunning scenery というような使い方をします。ここではただ "Enjoy!" と言うだけで十分です。ちなみに、stunning の代わりに使える単語に、breathtaking（息をのむような）があります。

③ Wow! Please enjoy yourself.

「楽しんでください」という日本語に引きずられて "please" を付けたくなりますが、付けなくても大丈夫です。**相手の利益になることを言う場合や、行動を促す場合には文頭に please を置くことができます。**

例えば、「お気をつけください」という時には Please be careful. とすることができます。enjoy yourself に please を付けると「今は楽しんでいないかもしれないけれど、これから楽しんでください」というようなニュアンスになります。ここは please を取り除くことが正解です。Have fun. や Have a great time! という表現も「楽しんでください」を表します。

④ Such a great shot! Have a great time!（すごくいい写真！ 楽しんでね！）

ここで使われている shot は「写真」という意味ですが、picture よりも頻繁に使われます。そして、so と

such の使い方はきちんと理解しておくとよいでしょう。**so** は副詞なので、形容詞を修飾します。**such** は形容詞で、後ろに置かれた名詞を修飾します。他にも次のような表現があります。

▶So beautiful!（すごく美しい！）
▶Such a beautiful shot!（すごくきれいな写真！）
▶Such a breathtaking shot!（息をのむような写真！）
▶Such a stunning view!（絶景！）

A

② Absolutely stunning! Enjoy!
④ Such a great shot! Have a great time!

Please や nice は耳なじんでいるから、つい使いがちだけど、使う時に注意も必要なのね

6 頭にくることがあった

Q 就業時間終了のギリギリのところで、突然同僚から仕事を頼まれてしまいました。予定していた飲み会に少し遅れると友人にメッセージを送る時に、（いきなり仕事を振られたんだけど）に続けて「あり得ないよね」と愚痴をこぼしたいと思います。Asked to do their job at the last minute.（ギリギリになって仕事を頼まれたんだ）に続く表現として適切なものを、次の①〜④から2つ選んでください。

① Just no!
② Sorry!
③ Nope!
④ Not!

ポイント

❶話し相手は誰か
　友人
❷何を伝えたいのか
　ちょっとした愚痴
❸どのように伝えるのか

感情をストレートに

　頭にきた時、どのような言葉を使えばよいのでしょうか。例えば、日本語だと「ちくしょー」とか「ありえないんだけど」、「そりゃないよ」という表現がありますね。ここでは、「腹が立った」ことを表すシンプルな言い方をおさえておきましょう。

① Just no!
　日本語の「ありえないんだけど」「絶対だめ！」という表現に近いかもしれません。**相手からの提案を素直に受け入れたくない場合や、不快感、嫌悪感を表す時に使います。**以下の例で使い方を確認しておきましょう。

A：My boss asked me to take on more work for less pay!（給料安いのに、上司からもっと仕事しろと言われたんだ！）

B：Just no!（ありえないね）

A：My friend asked me to design a logo for her company for free.（友達なんだけど、ただで彼女の会社のロゴのデザインをしてくれって言ってきたんだよね）

B：Just no!（そりゃ絶対だめだ）

A：My boss has just given me a huge task to do by

the end of the day.（上司から、今日中にやらなければならない大きな仕事を頼まれた。）

B：Just no!（ありえないね！）

② Sorry!

sorry は「ごめんなさい」「すみません」「残念ながら」という意味で使われますので、この場面では適切ではありません。

また、I'm sorry to hear that.（お気の毒に）のように「同情」を表す sorry もあります。I'm sorry. で「ごめんなさい」の他、**同情**を表して「**かわいそうに**」とか「**大変でしたね**」のような意味になることがあります。以下の例で確認しましょう。

A：I had a argument with my wife yesterday.（昨日、妻とけんかしたんだよね）

B：I'm sorry to hear that.（それは大変だったね）

③ Nope!

No という代わりに使う表現です。強い調子で否定して「いや！」という感じです。

くだけた口語表現で、強い否定を伝えることになりますので、家族や友人と話をしている時だけに留めておきましょう。

④ Not!

not は no や nope と違って、1語だけで使うことができません。したがって、ここでは適切な表現ではありません。

① Just no!
③ Nope!

　嫌な事があったときに Oh my God! や My God! と言う人もいますが、英語が母語ではない私たちは使用を避けた方がよいでしょう。God という語を用いることについて、信仰に篤い人は神に対する冒瀆であると考え、使ったり聞いたりするのを嫌だと思う人たちもいます。代わりに、Oh my gosh! や No way! のような表現を使います。

7 悲しいことがあった

Q 友人が Twitter に、長い間共に過ごしたペットが亡くなったと投稿しました。お悔やみを伝えるためにコメントをしようと思います。どのような表現がよいでしょうか？　適切なものを次の①〜④から1つ選んでください。

① So sorry for your loss.
② That's too bad.
③ I'm sorry your dog died.
④ Too bad about your dog.

ポイント

❶相手は誰か
　友人
❷何を伝えたいのか
　お悔やみ
❸どのように伝えるのか
　残念な気持ちが伝わるように

大切なペットが亡くなってしまい、悲しい思いをして

いる友人に対してどのような言葉をかけるのがよいでしょうか。定型的な表現として、日本語では「ご愁傷様です」や「お悔やみ申し上げます」というものがあります。一方、英語には May her (his) soul rest in peace.（魂が安らかに眠れますように）という表現や、Rest in Peace（安らかに）の頭文字を取り、R.I.P. と書いたりもします。ここでは、こうしたお悔やみの言葉について見ていきましょう。

① So sorry for your loss.（この度はご愁傷さまです）

　　Sorry for your loss でもいいのですが、**so sorry とすることでさらに気持ちを込めることができます**。SNS の投稿なので I'm や I am を省略して、so をつけて、より丁寧で偽りのない気持ちであることを伝えられます。Please accept my condolences.（心からお悔やみ申し上げます）という表現を付け加えてもよいでしょう。

　　他に、お悔やみの言葉には次のようなものがあります。

▶I am terribly sorry to hear the news about［ペットの名前］. Please accept my condolences.（［ペットの名前］の訃報に接し、大変残念でなりません。謹んでお悔やみ申し上げます）

　　「ペットの名前」の所には your grandfather など「人」を入れることもできます。

▶With heartfelt condolences.（心よりお悔やみ申し

上げます）

▶My deepest sympathies. May [名前] rest in peace.
（心からお悔やみ申し上げます。[名前] が安らかに眠
れますように）

deepest sympathies（心からお悔やみ申し上げま
す）の sympathies は「（苦しみ・悲しみなどに対する）
同情、思いやり」という意味ですので、文字通りの意味
であれば「心の底から同情します」というものです。

I know how much [名前] meant to you.（あなた
にとって [名前] がどれだけ大切かわかっております）

② That's too bad.（それはとても残念です）

悪い知らせや訃報を聞いた時に、相手がショックを受
けていたり、落ち込んでいたりする状態だと容易に推測
できるような場面では、That's too bad. は使わない方
がよいでしょう。**ちょっとしたミスなどに対して、「残
念ですね」という時に使われます。**ですので、今回のよ
うな場面で、That's too bad. を使ってしまうと、相手
のことを心配しているとは思えず、軽い感じで、冷たい
印象が伝わってしまいます。本当に深刻な場面で、心か
ら心配している、気の毒に思っているという感情を伝え
たい時には、このフレーズは使いません。

A：I arrived late and wasn't allowed into the
theater until intermission.（遅刻したので、休憩
時間まで劇場に入れませんでした）

B：Oh, that's too bad.（ああ、それは残念だったね）

③ I'm sorry your dog died.（あなたの犬が亡くなった
　ことを残念に思います）

　ペットや人が亡くなったことについて die という、直
接「死」を表す語は避けます。**one's passing という
人・動物の死を遠回しで表す表現**を使って、I'm so
sorry to hear about John's passing. のように表しま
す。また、亡くなったことに対して悲しみの気持ちを伝
えた上で、次のような表現を用いるとよいでしょう。

　I know how much you loved John dearly and felt
lucky to have him. He was just as lucky to have you.
（あなたがどれだけジョンを愛していたか、そして彼が
いてくれることが幸せだったかを知っています。彼も、
あなたがいてくれて幸せだったでしょう）

④ Too bad about your dog.（あなたの犬が亡くなって
　残念です）

　これも、特にペットを失ったことが関係している場合
には、それほど誠実で思慮深い言葉にはなりません。

① So sorry for your loss.

8 がんばって！

Q 友人が、新しい仕事を始めるために別の町に引っ越すと、Facebookに書き込みました。彼女の「Beginning a new chapter next month in Sydney! Nervous, but excited about the future!（来月からシドニーで新しい一歩を踏み出す！　緊張していますが、未来にワクワクしています）」という投稿を読んだあなたは、どのようなコメントをしますか。適切なものを、次の①〜④から2つ選んでください。

① Take care!

② Will miss you, but best of luck!

③ Wishing you all the best! You got this!

④ I pray for your success!

ポイント

❶相手は誰か

　友人

❷何を伝えたいのか

　「がんばって」という応援メッセージ

❸どのように伝えるのか

応援していることが伝わるように

　SNSは文字だけですので、言葉足らずだと、相手の受け止め方次第では誤解を生じさせてしまい、微妙な空気が漂うことがあります。誤解のないように、そして端的に伝わる言葉で伝えましょう。ここでは友人に「がんばって」というだけではなく、もう一言、気の利いた言葉を付け加えましょう。

① Take care!
　学校の授業では〈take care of～〉で「～の面倒を見る」「～の世話をする」「～に気を配る」という意味になると学んだと思います。また、Take care of yourself.で「お体をお大事に」というような相手の体調を思いやる表現でしたね。
　ここでの **Take care!** は親しい人との別れ際に使い、「またね」とか「じゃ、また！」という意味になります。例えば、
　Take care! See you soon!（それじゃ、また会おうね）のような使い方をします。
　この場面は「友人が新天地で活躍してほしい」と伝えたいので、「じゃあね」だけでは気持ちが伝わりません。むしろ「あなたと会えなくなってよかった」という意味で受け取られて、人間関係にひびが入ってしまう可能性もあります。

② Will miss you, but best of luck!（さびしくなります。でもがんばって！）

　Facebook などでカジュアルなやりとりの時には、主語の I を省略して書くこともできます。ここでは I will miss you, の主語の I が省略されています。

　「あなたと別れるのがさびしい」「あなたに会えなくなるのがさびしい」という時に使う表現が miss you です。未来のことについて言及しますので、助動詞の will を使います。「会えなくてさびしくなる」という気持ちを相手に伝えることが大切なポイントです。

　助動詞を使わずに **現在形の miss を使って I miss you. とすると、「今あなたに会うことができなくて、さびしく思っている。今すぐにでも会いたい」という意味** になりますので、ここでは will が必要になることがわかりますね。

　(the) best of luck という表現は、聞き慣れない方もいるかもしれませんが、good luck to you と同じ意味です。

　ちなみに Better luck next time! は「次回はうまくいきますように」という意味で、失敗をしてしまったり、よくないことがあったりした時に相手を励ます言い方です。better という比較級を使うことで、「今回よりも、よくなる・うまくいく」という意味を伝えられます。

③ Wishing you all the best! You got this!

　親しい友人に「20xx 年があなたにとって良い年になりますように！」と新年の挨拶をする場合、英語では Wishing you all the best for 20xx! と書きます。I wish you all the best for 20xx. でもいいです。

　親しい友人ですので、Wishing you all the best! や All the best! と言うこともできます。

　「幸運を祈ります、上手くいくことをお祈りします」の他の表現として Fingers crossed!（Keeping my fingers crossed for you!）もよく使います。「がんばるから、応援していてね！」と、相手に成功を願ってもらいたい時には、Keep your finger crossed! と言います。

　You got this! は元々は You've got this. でしたが、have が発音されなくなり（ほとんど聞こえなくなり）、相手を励ます表現として定着しました。You've got this! は「あなたならできる！」という意味です。

　つまり **You have got this.** は、「あなたはそれを既に手に入れています」という意味で、「既に手に入れているのだから、大丈夫」から転じて「がんばって」という意味になったのでしょう。

　ちなみに I got this. や I've got this. のように主語を I にすると、「私がやります」「任せてください」という意味になります。

④ I pray for your success!（ご成功を祈っています）

　「成功をお祈りします」という丁寧な言い方に対応する、I pray for your success! という表現が英語にもありますが、日本語とはやや使い方が異なります。

　pray for は、病気が回復することや世界平和を願ったり、失敗が許されないようなことに成功を願ったりする時に用います。I hope（that）you will succeed. という表現であれば、一般的に「成功を祈っている」という意味になりますが、カジュアルに I hope you will do well. と言うこともあります。

#

② Will miss you, but best of luck!
③ Wishing you all the best! You got this!

あとがき

"Coffee, please!" と隣から聞こえてきた。

客室乗務員は怪訝な顔をしながら、それでもその乗客にコーヒーを注ぎ、クリームと砂糖が必要かを聞いた。すると、その声の主はこう答えた。"No!" と。

1997年7月、私はアメリカを離れ、初めて東京行きの便に乗り、飛行機の中で初めて日本文化に触れた。乗客が互いに深々と頭を下げ、キャリーバッグを頭上のロッカーに収納するのを進んで手伝い、他の乗客の邪魔にならないように小さな声で話すのを目撃したのだ。「日本人はみんな礼儀正しい」と思っていた。そんな矢先の "Coffee, please!" に耳を疑った。「日本人らしくないではないか」そう感じた。

客室乗務員が私に飲み物を聞いたときに、私はここぞとばかり大きな声で、はっきりとこう答えた。

"Could I please get a glass of red wine?"（すみませんが、赤ワインを1杯いただけますでしょうか）

きっと、隣の席の女性にも聞こえたはず。彼女は私の英語を聞いて、次回はもっと丁寧に注文するだろう。でも、彼女は自分がどれだけ失礼な言い方をしているかに気づいていないのだろうか？ そんなことを考えていた。再び、客室乗務員がやってきた。しかし、残念なことに、その女性は "Red wine, please!" と言ったのだ。

まるで海軍の艦長のような命令口調だった。

　このように、日本人の英語に初めて接した時の経験から、私は成功する語学学習者とそうでない学習者の違いについて、いろいろと考えてきました。**成功する学習者になるかどうかは、他の話者が話している英語をしっかり観察して、そしてそれが文脈の中でどのように使われているのか、きちんと分析できるかどうかにかかっていると考えるようになりました。**

　この本のコンセプトについて、倉林さんと一緒に話し合ったとき、私たちは、広く出回っている従来のビジネス英語のフレーズ集とは違うものにしなければならないと思いました。読者には、日常的なビジネスシーンについて深く考え、どのように対応したらよいかを考えてほしいと思いました。そこで、クイズ形式にしてみました。ある状況ではどのような表現が適切かを自分自身でじっくり考えてもらい、詳しい解説で英語でのコミュニケーションパターンを知ることができる、楽しくて斬新なコンテンツになるように心がけました。

　また、皆さん一人一人が状況を分析することで、それぞれの状況に適した表現のセンスを磨くことも目的としました。いわば、英語圏のオフィスに旅行しているような感覚で、シチュエーションを体験してもらうのです。多くのシチュエーションを見ているうちに、母国語である日本語からの直訳に頼りすぎていることに気づいた人もいるかもしれません。あるいは、自分の知っている表

現が、案外自然な英語ではなかったことに気づいたかもしれません。そんな「ハッ」とする瞬間が、この本を読みながらたくさんあったのではないでしょうか。

　女性が客室乗務員から希望の飲み物を受け取ることができたように、言語表現が不完全でも目的を達成することはできるのですが、**英語表現のニュアンスを理解することで、コミュニケーションをより豊かにすることができるのです。**もちろん、「誰もがネイティブ並みの発音をしなければならない」という考え方はいいとは思いません。実際、世界には英語のネイティブスピーカーよりもノンネイティブスピーカーの方が圧倒的に多いのですから。

　しかし、特にビジネスシーンでは、注意深く状況を観察することで、誤解を避け、よりスムーズなコミュニケーションができるようになることが期待されています。職場の同僚や上司とより良好な関係を築くことができたり、初対面のクライアントに良い印象を与えたり、あるいは有利な契約をより簡単に締結することができるかもしれません。

　いずれにせよ、この本のページのどれもがみなさんの英語コミュニケーション能力を向上させるきっかけとなることを願っています。

　　　ジェフリー・トランブリー（Jeffrey Trambley）

ちくま新書
1687

シンプルで伝わる英語表現
——日本語との発想の違いから学ぶ

2022年10月10日　第1刷発行

著者
倉林秀男
（くらばやし・ひでお）

ジェフリー・トランブリー

発行者
喜入冬子

発行所
株式会社筑摩書房
東京都台東区蔵前 2-5-3　郵便番号 111-8755
電話番号 03-5687-2601（代表）

装幀者
間村俊一

印刷・製本
三松堂印刷 株式会社

ちくま新書